Wabi-sabi

para artistas, designers, poetas e filósofos

Leonard Koren

Tradução
Marília Garcia

Cobogó

A edição brasileira deste livro é dedicada à Flora Diegues.

Sumário

Introdução 9

Histórico e outras considerações
Uma história de obscurecimento 18
Uma definição provisória 25
Uma comparação com o modernismo 29
Uma breve história 35

O universo wabi-sabi

Quadro 45
A base metafísica do wabi-sabi 48
Valores espirituais do wabi-sabi 52
O estado de espírito wabi-sabi 60
Preceitos morais wabi-sabi 65
As características materiais do wabi-sabi 69

Notas 83
Legendas e créditos das imagens 101

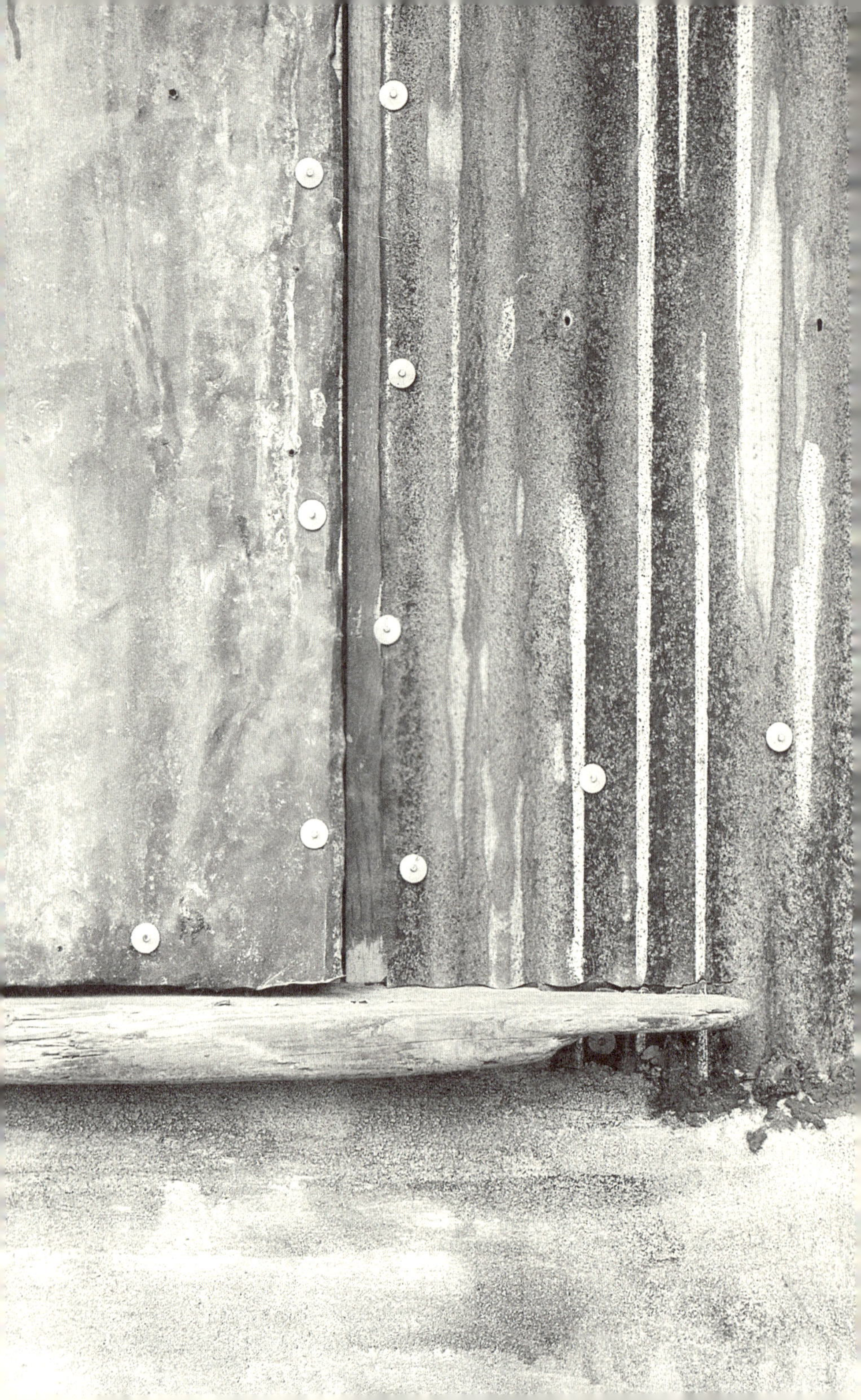

Introdução

O wabi-sabi é a beleza das coisas imperfeitas, transitórias e incompletas.

É a beleza das coisas modestas e simples.

É a beleza das coisas não convencionais.

A extinção de um tipo de beleza. A criação deste livro foi inspirada por um evento bastante conhecido no Japão ligado à cerimônia do chá. Há muito tempo a estética japonesa do wabi-sabi tem sido associada ao chá, de modo que o evento prometia ser uma experiência intensa do wabi-sabi. O *iemoto* (ou "o grande mestre") da escola de arranjos florais Sogetsu, Hiroshi Teshigahara, tinha contratado três dos arquitetos japoneses mais renomados e sofisticados para desenhar e construir o ambiente da cerimônia do chá de acordo com as concepções de cada um. O próprio Teshigahara criaria um quarto espaço.[1] Depois de um trajeto que levou mais de três horas, de trem e ônibus, desde o meu escritório em Tóquio, cheguei ao local do evento, uma antiga residência imperial de verão. Para meu espanto, deparei com um enaltecimento do esplendor e da grandiosidade e uma encenação elegante, mas nem de longe havia um resquício de wabi-sabi. Uma engenhosa cabana de chá, construída aparentemente com papel, parecia e recendia a um imenso guarda-chuva branco de plástico. Ao lado, havia uma estrutura feita de vidro, aço e madeira, que transmitia uma acolhida idêntica à de um prédio alto de escritórios. A única casa de chá que se aproximava das características do wabi-sabi que eu previra, percebida apenas depois de uma análise mais minuciosa, estava decorada de forma gratuita com acessórios pós-modernos. De repente me dei conta de que o wabi-sabi, que fora outrora a estética da alta cultura japonesa e é reconhecidamente o fundamento da cerimônia do chá, estava se tornando — ou tinha se tornado? — uma espécie em extinção.[2]

É claro que a beleza do wabi-sabi não agrada a todos. Mas acredito ser do interesse de todos evitar que o wabi-sabi desapareça por completo. É desejável manter certa diversidade na ecologia cultural, sobretudo em oposição à tendência acelerada rumo a uma digitalização uniforme da experiência sensorial, na qual existe um "leitor" eletrônico que se coloca entre a experiência e a observação e todas as manifestações são codificadas da mesma maneira. No Japão, porém, ao contrário da Europa e, em menor grau, dos Estados Unidos, a valiosa e pequenina tradição artística material foi preservada. Assim, nesse país, evitar a extinção de um tipo de beleza significa, hoje em dia, não só preservar objetos ou construções específicas, mas também manter viva uma ideologia estética frágil sob qualquer forma de expressão válida. Como o wabi-sabi não é redutível a fórmulas ou frases feitas sem que sua essência seja destruída, salvá-lo se torna, de fato, uma tarefa que intimida qualquer um.

Beleza idealista. Como muitos de meus contemporâneos, tive contato com o wabi-sabi pela primeira vez em uma busca espiritual na juventude, no final dos anos 1960. Naquela época, a cultura tradicional japonesa era atrativa por oferecer "respostas" profundas para as perguntas mais difíceis sobre a vida. Para mim, o wabi-sabi parecia um paradigma estético baseado na natureza que trazia de volta um pouco de saúde mental e equilíbrio à arte de viver. O wabi-sabi resolveu meu dilema artístico sobre como criar coisas bonitas sem ser capturado pelo materialismo deprimente que existe em geral em torno da arte. O wabi-sabi — profundo, multidimensional, elusivo — parecia ser o antídoto perfeito para aquele estilo tão difundido de beleza, eficiente, meloso, corporativo, que, do meu ponto de vista, estava acabando com a sensibilidade da sociedade norte-americana. Desde então, tenho entendido o wabi-sabi como relacionado a muitas das posturas antiestéticas mais categóricas que brotam necessariamente nos espíritos jovens, modernos e criativos: o beat, o punk, o grunge ou o nome que vierem a ter.

O livro do chá em versão compacta. A primeira vez que li sobre wabi-sabi foi em *O livro do chá*, de Kakuzo (também conhecido como Tannshin) Okakura, publicado em 1906. Embora tenha abordado muitos aspectos do wabi-sabi, Okakura evitou usar o termo "wabi-sabi". É provável que não quisesse confundir seus leitores com palavras estrangeiras que estavam longe de ter importância na discussão sobre os ideais estéticos e culturais. (O livro foi escrito em

inglês para um público que não sabia japonês.) Pode ser também que ele tenha evitado mencionar de modo explícito o wabi-sabi porque o conceito é cheio de questões espinhosas para os intelectuais japoneses. Contudo, quase um século depois do livro de Okakura, o termo "wabi-sabi" aparece de modo superficial em praticamente todos os livros ou textos que tratam da cerimônia do chá ou de outros assuntos misteriosos da cultura japonesa. Por mais estranho que pareça, as duas ou três frases que aparecem nessas publicações para descrever o wabi-sabi (as frases do início desta Introdução) são quase sempre as mesmas. O termo é usado igualmente pelos críticos estrangeiros ou locais como uma fórmula depreciativa para desvalorizar o modo diletante e apressado de alguns devotos das artes tradicionais japonesas.
    Talvez este seja um momento favorável para irmos além das definições-padrão e mergulharmos um pouco mais fundo nas profundezas desconhecidas. Foi com tal disposição que busquei as várias peças do wabi-sabi — apesar de manchadas, fragmentadas e em mau estado — e tentei

reuni-las num sistema que fizesse sentido. Cheguei até o ponto em que os comentadores, historiadores e autoridades culturais ortodoxos do wabi-sabi pararam. Então dei alguns passos à frente. Lendo nas entrelinhas e adequando as expectativas à realidade, procurei alcançar a totalidade, o aspecto holístico do wabi-sabi, e dar algum sentido a isso tudo.[3]

O resultado, este volume fininho, é um primeiro passo pessoal e provisório para a preservação de algo que, um dia, constituiu um universo estético amplo e facilmente reconhecível.

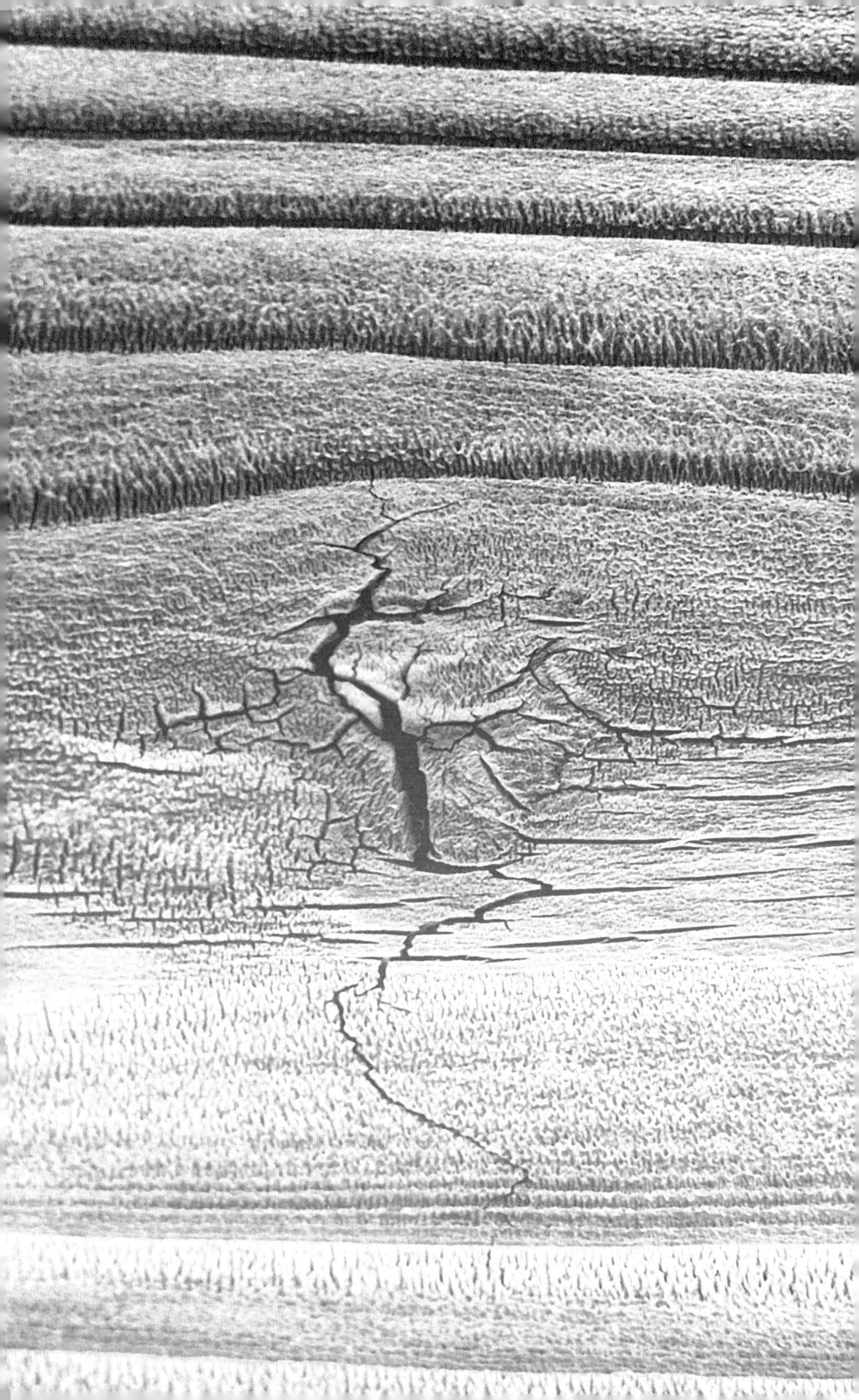

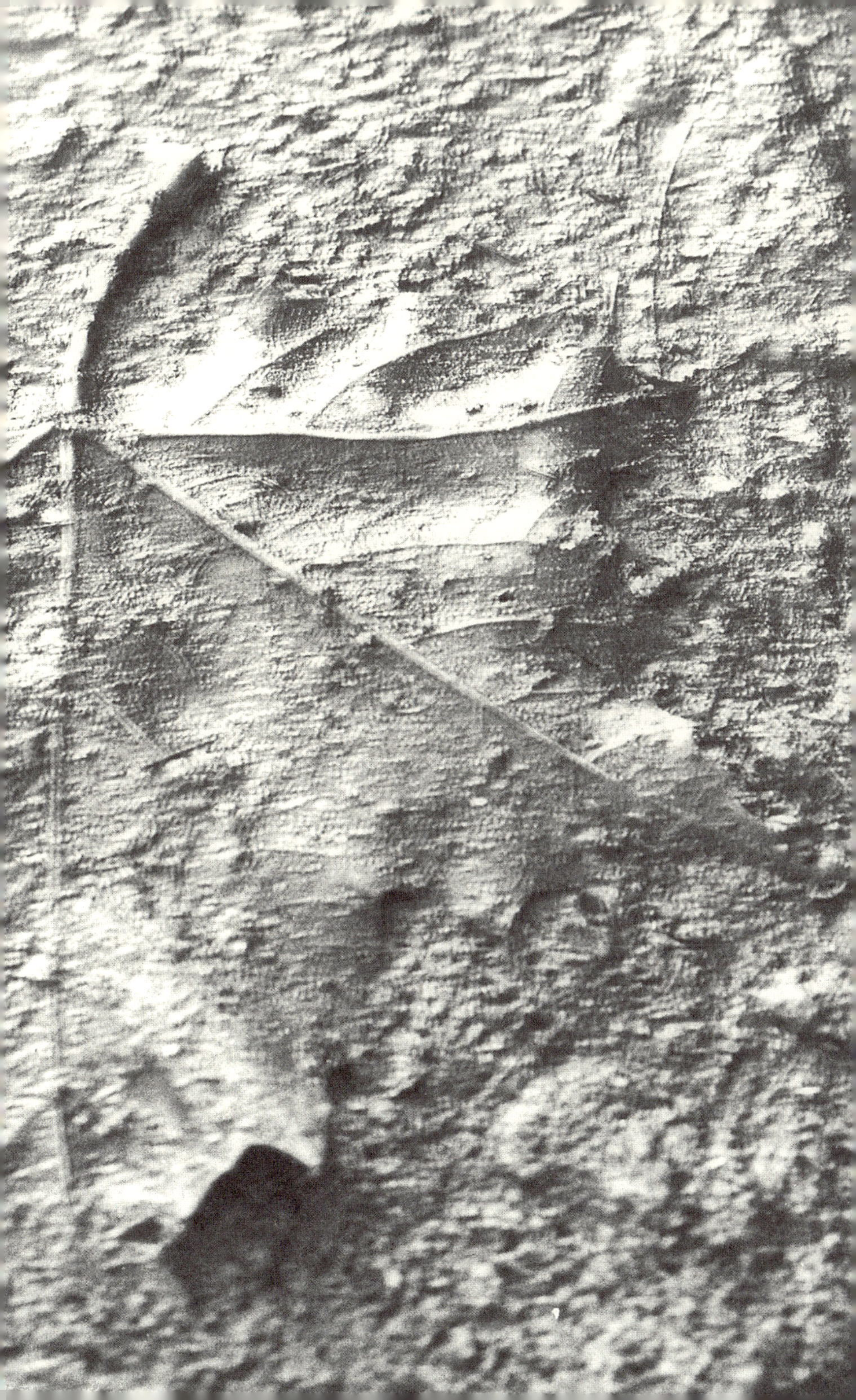

Uma história de obscurecimento

Quando perguntam aos japoneses o que é o wabi-sabi, eles balançam a cabeça, hesitantes, e respondem com alguma desculpa sobre a dificuldade para explicar a palavra. Embora quase todos os japoneses possam afirmar que entendem o *sentimento* do wabi-sabi — afinal, supõe-se ser um dos conceitos centrais da cultura japonesa —, poucos sabem descrever esse sentimento.

Por que isso acontece? Será que é preciso, como sugerem alguns japoneses patriotas exaltados, ter uma predisposição genética? Pouco provável. Será porque a linguagem japonesa, ou suas convenções de uso, comunica bem as sutilezas do humor, o impreciso e a lógica do coração, mas não explica tão bem as coisas de modo racional? Talvez em parte. Mas o motivo principal é que a maioria dos japoneses nunca aprendeu sobre o wabi-sabi em termos formais, já que não há professores ou livros especializados no assunto.

E tal fato não se dá por acaso. Ao longo da história, evitou-se de propósito um entendimento racional do wabi-sabi.

Zen-budismo. Praticamente desde a sua criação como uma estética específica, o wabi-sabi tem sido associado de modo superficial ao zen-budismo. Por várias razões, o wabi-sabi poderia mesmo ser chamado de "o zen das coisas", já que ele exemplifica muitos dos princípios espirituais-filosóficos mais importantes do zen.[4] Os primeiros japoneses envolvidos com o wabi-sabi — mestres do chá, padres e monges — tinham todos praticado essa filosofia e estavam impregnados de sua mentalidade. Uma das ideias fundamentais do zen é o antirracionalismo enfático. Nessa doutrina, a essência do conhecimento só pode ser transmitida de uma mente a outra, e não por meio da palavra escrita ou falada. "Os que sabem não falam; os que falam não sabem." Na prática, tal regra foi criada com o objetivo de reduzir as interpretações equivocadas de conceitos tão suscetíveis a erros de interpretação. Como consequência, evitou-se intencionalmente uma definição de wabi-sabi que fosse clara e explícita.

O sistema *iemoto*. Desde o século XVIII as informações de caráter cultural ligadas às "artes", tais como a cerimônia do chá, arranjo floral, caligrafia, música e dança, têm sido divulgadas e organizadas no Japão essencialmente por grupos familiares de negócios. O chefe de família de cada grupo era chamado de *iemoto*.[5] Fontes primárias de textos, artefatos e outros materiais necessários para a pesquisa científica ficam sob o controle das famílias *iemoto*, que, assim como no zen-budismo, determinam que essa informação essencial só deve ser compartilhada com aqueles de sua escolha. O conceito do wabi-sabi, parte vital da propriedade intelectual exclusiva do *iemoto* (especialmente no mundo do chá), não deveria ser esclarecido — oferecido —, a não ser em troca de dinheiro ou favores. Conceitos engenhosamente tornados obscuros e "exóticos", tal como o wabi-sabi, também podem se tornar bons atrativos comerciais. A forma mais eficiente do empreendedorismo no estilo *iemoto* consistia em ocultar o sentido do wabi-sabi, mas seduzir o consumidor com rápidos lampejos do que seria sua essência.

Obscurantismo estético. Um aspecto mais revelador acerca do significado do wabi-sabi está na valorização, por razões estéticas, do mito da impenetrabilidade. Alguns críticos japoneses sentem que o wabi-sabi precisa manter suas características misteriosas e esquivas — e tão difíceis de definir — pois o inefável faz parte de sua singularidade. Eles acreditam que o wabi-sabi é um modelo teleológico — um fim em si mesmo — que nunca pode ser compreendido de todo. Desse ponto de vista, a indefinição ou a falta de informações é apenas mais um aspecto da "incompletude" inerente ao wabi-sabi. Já que a clareza ideológica ou a transparência não são essenciais ao wabi-sabi, uma explicação completa do conceito pode, de fato, reduzi-lo. Tais críticos japoneses talvez estejam certos. No campo da estética, quase sempre a razão está subordinada à percepção. Ao longo da tradição, os artesãos de espadas japonesas e seus admiradores falavam da aura envolvendo a "alma" de uma lâmina apenas em termos vagos e místicos. Hoje em dia, contudo, os jovens artesãos de espadas estudaram e se tornaram bastante minuciosos quanto à temperatura exata do forno, à mistura metal/química e ao momento em que a "natureza" — flexibilidade, rigidez, dureza etc. — ou "alma" da lâmina é, de fato, criada. Talvez essa recente franqueza acabe com o romantismo de algo que deveria ficar a cargo da imaginação. Mas, ainda assim, se quisermos preservar a habilidade de se criar um objeto estético, algumas orientações devem ser colocadas para as futuras gerações.

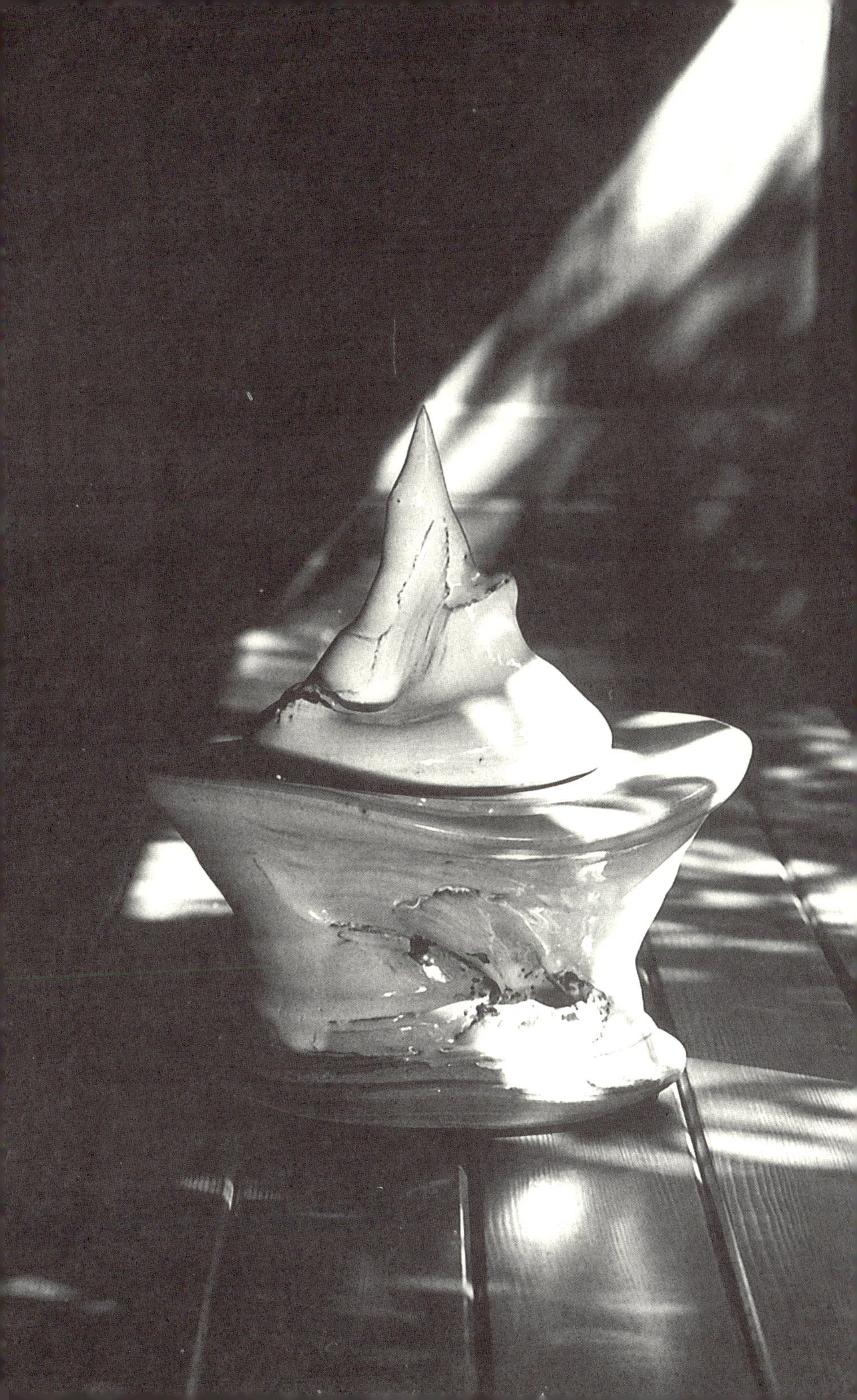

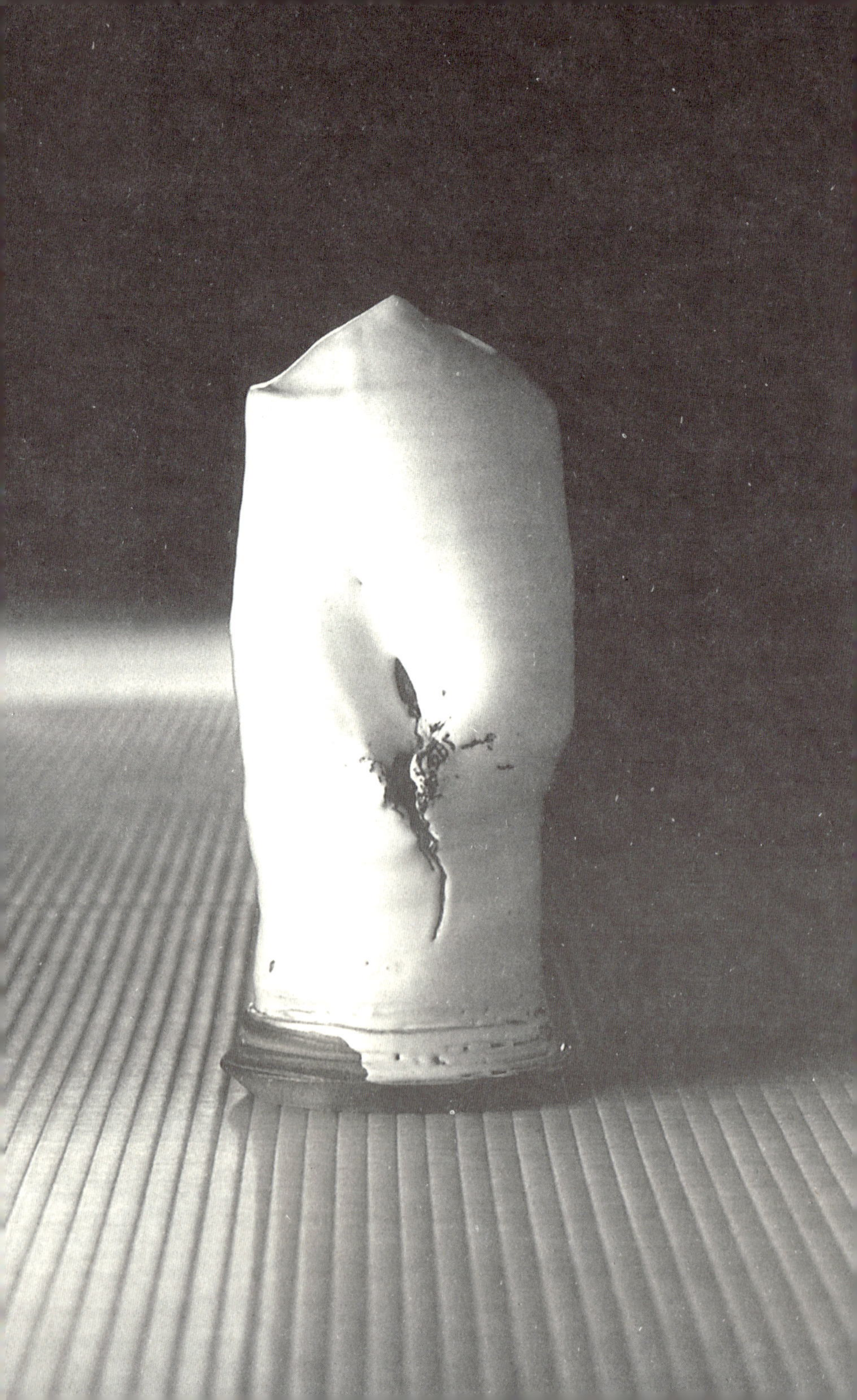

Uma definição provisória

O wabi-sabi é o traço mais evidente e típico daquilo que consideramos ser a beleza tradicional japonesa. Sua posição no panteão japonês de valores estéticos equivale aos ideais gregos de beleza e perfeição no mundo ocidental.[6] Em sua expressão mais plena, o wabi-sabi seria um modo de vida. Num sentido mais restrito, seria um tipo específico de beleza.

A palavra em inglês cujo sentido mais se aproxima de wabi-sabi deve ser *rustic*, "rústico". No dicionário Webster, *rustic* significa "simples, natural ou sem sofisticação [...] [com] a superfície áspera ou irregular". Se, por um lado, a acepção de *rustic* representa somente uma dimensão limitada da estética wabi-sabi, por outro, essa é a primeira impressão que muitas pessoas têm quando veem pela primeira vez uma manifestação do wabi-sabi. O wabi-sabi compartilha algumas características com aquilo que se costuma chamar "arte primitiva", isto é, da terra, objetos simples, despretensiosos e feitos com materiais da natureza. Mas, ao contrário da arte primitiva, o wabi-sabi quase nunca é usado de modo representativo ou simbólico.

Em sua origem, as palavras japonesas *wabi* e *sabi* têm sentidos bastante diferentes. *Sabi* originalmente significava "frio", "pobre" ou "seco"; *wabi* remetia à miséria de viver sozinho na natureza, longe da sociedade, e sugeria um estado emocional próximo ao desânimo, à tristeza e à falta de encorajamento. Por volta do século XIV, os sentidos das duas palavras começaram a se transformar, abarcando valores estéticos positivos. O isolamento autoimposto e a pobreza voluntária do eremita e ascético passaram a ser vistos como uma possibilidade de alcançar a riqueza espiritual. Para os que tinham uma inclinação pelo poético, esse estilo de vida valorizava uma apreciação dos detalhes mínimos da vida cotidiana e uma percepção de um tipo de beleza em elementos discretos e imperceptíveis da natureza. Desse modo, a simplicidade, que era pouco atraente, ganhou um novo sentido, passando a ser a base para um tipo novo e puro de beleza.

Nos séculos seguintes, os sentidos de *wabi* e *sabi* se atravessaram tanto que hoje em dia a linha de separação entre eles ficou de fato borrada. Hoje em dia, quando os japoneses dizem *wabi*, também querem dizer *sabi*, e vice-versa. Na maioria das vezes, as pessoas simplesmente dizem "wabi-sabi", convenção que se adotou para este livro. Mas, se formos considerar *wabi* e *sabi* entidades separadas, deveríamos especificar suas diferenças do seguinte modo:

wabi se refere a	*sabi* se refere a
• um modo de vida, um caminho espiritual	• objetos materiais, arte e literatura
• o interno, o subjetivo	• o externo, o objetivo
• um conceito filosófico	• um ideal estético
• acontecimentos espaciais	• acontecimentos temporais

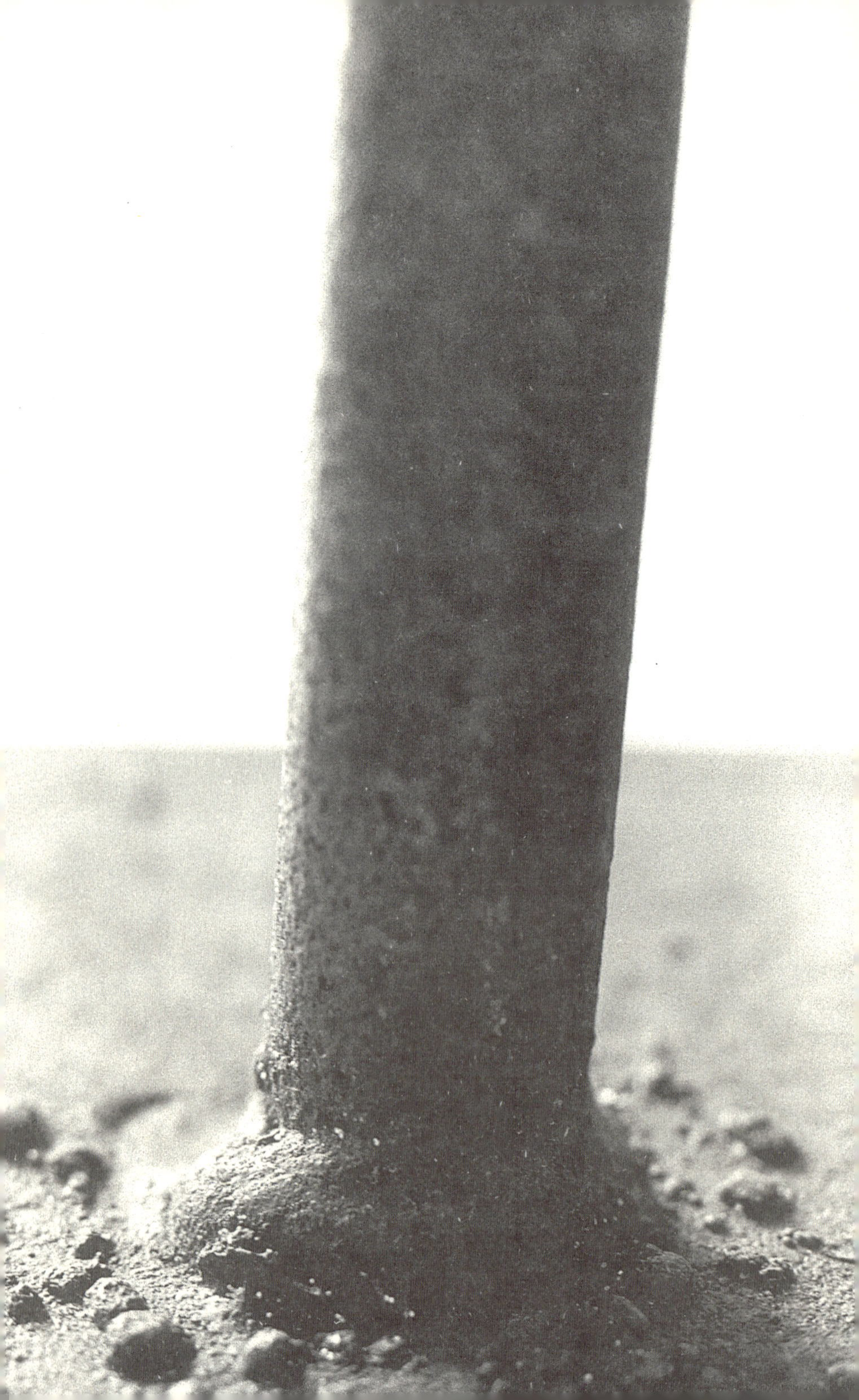

Uma comparação com o modernismo

Para se ter uma ideia melhor do que é — e o que não é — o wabi-sabi, pode ser útil compará-lo com o modernismo, sensibilidade estética dominante na sociedade industrializada mundial de meados ao fim do século XX. Modernismo é outro termo escorregadio que atravessa a história do design e da arte, suas atitudes e filosofias. Aqui, vamos descrever o "modernismo intermediário", o tipo de modernismo expresso pela maior parte das peças da coleção permanente do Museum of Modern Art (MoMA) de Nova York. O "modernismo intermediário" diz respeito aos aparelhos, máquinas, automóveis e engenhocas de aparência elegante e minimalista produzidos desde a Segunda Guerra Mundial. E também inclui as construções de concreto, aço e de caixas de vidro como a que abriga o próprio MoMA.

Semelhanças

- Ambos se aplicam a todos os tipos de objetos, espaços e designs criados pelos homens;

- ambos constituem fortes reações contra as sensibilidades dominantes e estabelecidas de suas épocas. O modernismo foi uma ruptura radical com o classicismo e o ecletismo do século XIX. O wabi-sabi foi uma ruptura radical com o refinamento e o aspecto grandioso das peças chinesas do século XVI e depois;

- ambos evitam qualquer elemento decorativo que não esteja integrado à estrutura;

- ambos são ideais de beleza abstratos, não representacionais;

- ambos apresentam um aspecto visual rapidamente identificável. O modernismo é homogêneo, depurado e uniforme. O wabi-sabi é terroso, imperfeito e diversificado.

Diferenças[7]

modernismo	*wabi-sabi*
Manifesta-se principalmente no âmbito público	Manifesta-se principalmente no âmbito privado
Sugere uma visão de mundo lógica, racional	Sugere uma visão de mundo intuitiva
Absoluto	Relativo
Olha para as soluções universais e típicas	Olha para as soluções pessoais, idiossincráticas
Produção em massa/ módulos	Produção de algo único/com variações
Manifesta esperança no progresso	Não há progresso
Orientado para o futuro	Orientado para o presente

Crença no controle da natureza	Crença no caráter insubmisso da natureza
Romantiza a tecnologia	Romantiza a natureza
Pessoas adaptadas à máquina	Pessoas adaptadas à natureza
Organização geométrica da forma (estrutura e bordas afiadas, precisas e bem definidas)	Organização orgânica da forma (estruturas e bordas delicadas e indefinidas)
A caixa como metáfora (retilínea, precisa, limitada)	A tigela como metáfora (forma livre, aberta na parte de cima)
Materiais criados pelo homem	Materiais da natureza
Aparência elegante	Aparência rude
Necessidade de estar bem conservado	Adapta-se bem à degradação e ao desgaste

A pureza valoriza sua expressão	A corrosão e a contaminação valorizam sua expressão
Pede menos informação sensorial	Pede mais informação sensorial
É intolerante à ambiguidade e contradição	Fica à vontade com a ambiguidade e a contradição
Frio	Quente
Geralmente iluminado e brilhante	Geralmente escuro e apagado
Funcionalidade e utilidade são valores primários	Funcionalidade e utilidade não são tão importantes
Materialidade perfeita é um ideal	Imaterialidade perfeita é um ideal
Permanência	Para cada coisa existe o momento adequado

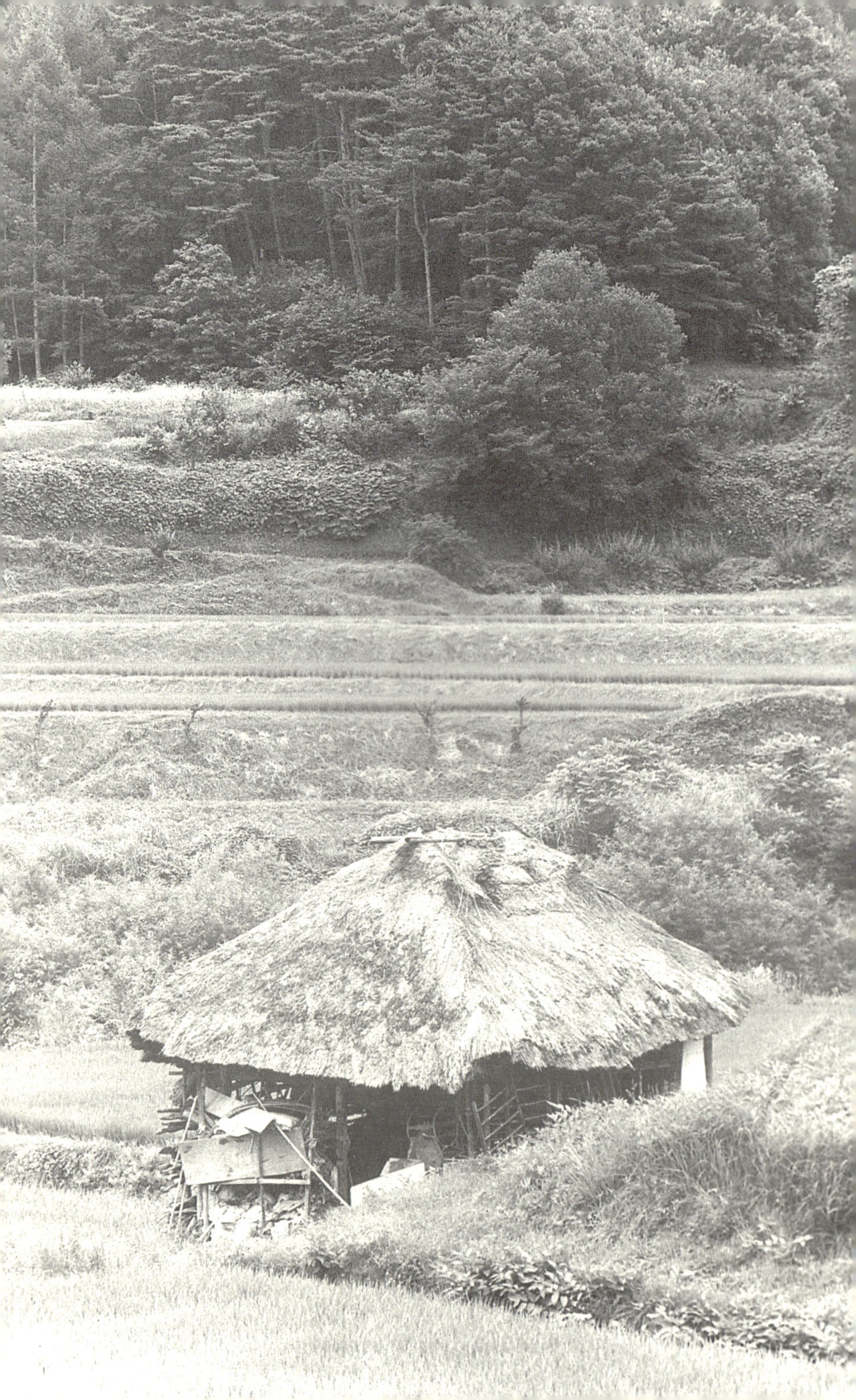

Uma breve história

Pré-Rikyu. A inspiração inicial para os princípios metafísicos, espirituais e morais do wabi-sabi vem dos ideais de simplicidade, naturalidade e aceitação do real, que podem ser encontrados no taoismo e no zen-budismo chinês. O estado de espírito e o sentido da materialidade do wabi-sabi derivam da atmosfera de miséria e melancolia e da manifestação minimalista da poesia e da pintura a nanquim monocromática chinesas dos séculos IX e X. No fim do século XVI, porém, esses elementos do wabi-sabi que estavam separados se fundiram numa síntese japonesa reconhecível. Embora o wabi-sabi tenha rapidamente impregnado quase todos os aspectos da sofisticada cultura e gosto japoneses, sua plena realização ocorreu no contexto da cerimônia do chá.

Com nomes variados como *sado*, *chado* e *chanoyu*, a cerimônia do chá se tornou uma forma de arte social eclética combinando, entre outras atividades, a habilidade para arquitetura, design de interior e jardinagem, arranjo floral, pintura, culinária e performance. Um praticante completo do chá era alguém que sabia orquestrar todas essas habilidades — e ainda lidar com os convidados que assistiam — num evento artístico emocionante que apresentava uma temática coerente.[8] Em seu apogeu artístico, o objetivo básico da cerimônia do chá era alcançar os elementos do universo wabi-sabi em sua totalidade.

O primeiro mestre do chá wabi-sabi de que se tem registro foi Murata Shuko (ou Murata Juko, 1423-1502), um monge zen da cidade de Nara. Mais ou menos nessa época na sociedade secular, o chá tinha se tornado um passatempo que interessava à elite em grande parte devido ao prestígio associado às pessoas que dispunham dos elegantes objetos estrangeiros[9] usados na cerimônia do chá. Contrapondo-se a essa moda, Shuko usava intencionalmente utensílios sóbrios, sempre que possível produzidos no local. Esse foi o começo da estética wabi-sabi da cerimônia do chá.

Rikyu. Cerca de cem anos depois da inovação introduzida por Shuko, o wabi-sabi chegou ao seu auge com Sen no Rikyu (1522-1591). Filho de comerciante, Rikyu passou a se interessar por chá aos 17 anos.[10] A primeira vez que sua atuação como mestre de uma cerimônia do chá ganhou destaque foi quando a realizou para o chefe militar Oda Nobunaga. Depois do assassinato de Nobunaga, em 1582, Rikyu começou a trabalhar para o sucessor dele, o brilhante e excêntrico Toyotomi Hideyoshi. Na companhia de outros nove mestres do chá, Rikyu ajudou Hideyoshi a reunir objetos relacionados à cerimônia do chá, avaliar seu valor e interpretar o complexo protocolo do chá e os utensílios usados nas situações formais. Embora o fim do século XVI tenha sido um período de guerras sucessivas, foi também um momento de grande inventividade no campo das artes. No que diz respeito ao chá, houve uma experimentação considerável no campo arquitetônico, nos objetos e no próprio ritual. Foi em meio a esse fluxo cultural que Rikyu obteve seu triunfo estético mais duradouro: colocar o artesanato japonês e coreano, nativo, rudimentar e anônimo (os objetos wabi-sabi) no mesmo nível artístico das peças chinesas preciosas, elegantes e perfeitas — ou até mesmo em um nível superior.[11] Rikyu também criou um outro tipo de sala de chá, baseado no modelo de uma cabana de agricultor com as paredes irregulares feitas de lama, telhado de palha e uma estrutura informe de madeira aparente. Em seguida, Rikyu reduziu o espaço para dois surpreendentes tapetinhos de tatame, meros 12 metros quadrados.[12]

    Infelizmente, a guinada de Rikyu na direção dos valores simples, modestos e naturais não foi valorizada pelo seu chefe, Hideyoshi. Homem de origens camponesas, ele achava suspeito o gosto de Rikyu por coisas que também poderiam ser consideradas feias e obscuras. Será que Rikyu estava sendo cínico e oferecendo novas roupas ao imperador? Vale observar que o ideal estético de Hideyoshi podia ser visto na manifestação do requinte chinês então em voga: uma sala de chá feita com folhas de ouro. A provocação estética de Rikyu gerou uma ruptura entre os dois, que, entre outras coisas — como o ressentimento de Hideyoshi diante da crescente fama de Rikyu, a indiscrição política de Rikyu e a exploração dos utensílios da cerimônia do chá —, acabou por fim levando Hideyoshi a ordenar que Rikyu, então com 70 anos, se entregasse a um ritual de suicídio.

Pós-Rikyu. Desde a morte de Rikyu, uma grande preocupação dos grupos organizados de cerimônia do chá tem sido legitimar seu lugar baseando-se nas relações diretas que eles supostamente tiveram com os verdadeiros ensinamentos do mestre (não muito diferente dos fundamentalistas religiosos que declaram ser correta apenas a sua interpretação das intenções de Cristo ou Maomé).[13] Nesse processo, os gostos pessoais e a imaginação de cada um têm ficado totalmente de fora da cerimônia do chá, pois até mesmo os mais discretos gestos manuais são estabelecidos com todo o rigor, de modo que supostamente permaneçam como na época de Rikyu (o argumento usado para explicar o fato é que Rikyu já tinha alcançado o jeito mais razoável de usar cada utensílio com um gasto mínimo de energia e sem movimentos extras).

Cerca de cem anos após a morte de Rikyu, a "arte" do chá foi reconfigurada como o "caminho" do chá (*chado*), uma espécie de educação religiosa e espiritual. Em tal transformação, o wabi-sabi, princípio "espiritual" do ritual do chá, foi reduzido, simplificado e inserido num conjunto definitivo de regras e dizeres. O wabi-sabi caminhava para se tornar seu exato oposto: eficiente, elegante e requintado.

O lado bom da história é que as escolas de chá institucionalizadas, que herdaram essa tradição, podem ser vistas como museus vivos que conseguem manter a solidez de práticas tradicionais. (Afinal, repetir é a essência da tradição.) Além disso, se não fossem as escolas de chá, o wabi-sabi — ou o que restou dele — perderia sua força com ainda mais velocidade diante da frenética modernização do Japão nos moldes ocidentais. Por fim, a prática do chá institucionalizada tem valor como um exercício de meditação. A repetição mecânica, sem nada a ocupar o pensamento, permite que a pessoa se concentre apenas em *ser*, livre de distrações como tomar decisões, artísticas ou outras.[14]

Apesar disso, o wabi-sabi já não é mais uma verdade ideológica ou um elemento espiritual essencial da cerimônia do chá, ainda que coisas que soam como wabi-sabi e cujo aspecto se assemelha ao wabi-sabi — palavras corretas e formas estilizadas — sejam trazidas à baila. Mas agora o wabi-sabi tem sido substituído nas escolas de chá pelo foco na "paz mundial" e na "comunicação profunda entre as pessoas".[15] Reagindo com atraso à ausência do verdadeiro wabi-sabi, alguns representantes progressistas da ortodoxia do chá recentemente conseguiram a ajuda de artistas e designers contemporâneos para tentar revigorar a conexão wabi-sabi.[16] Esse "novo" wabi-sabi tem como base filosófica uma antiga máxima do zen, tal como foi reformulada por Rikyu, "primeiro encontro [do chá], último encontro [do chá]". Em outras palavras, deve se prestar a máxima atenção a tudo o que acontece neste instante: estar aqui agora. Resta saber se esse caminho moral-espiritual específico tem chances de conduzir o chá para direções mais afins ao wabi-sabi.[17]

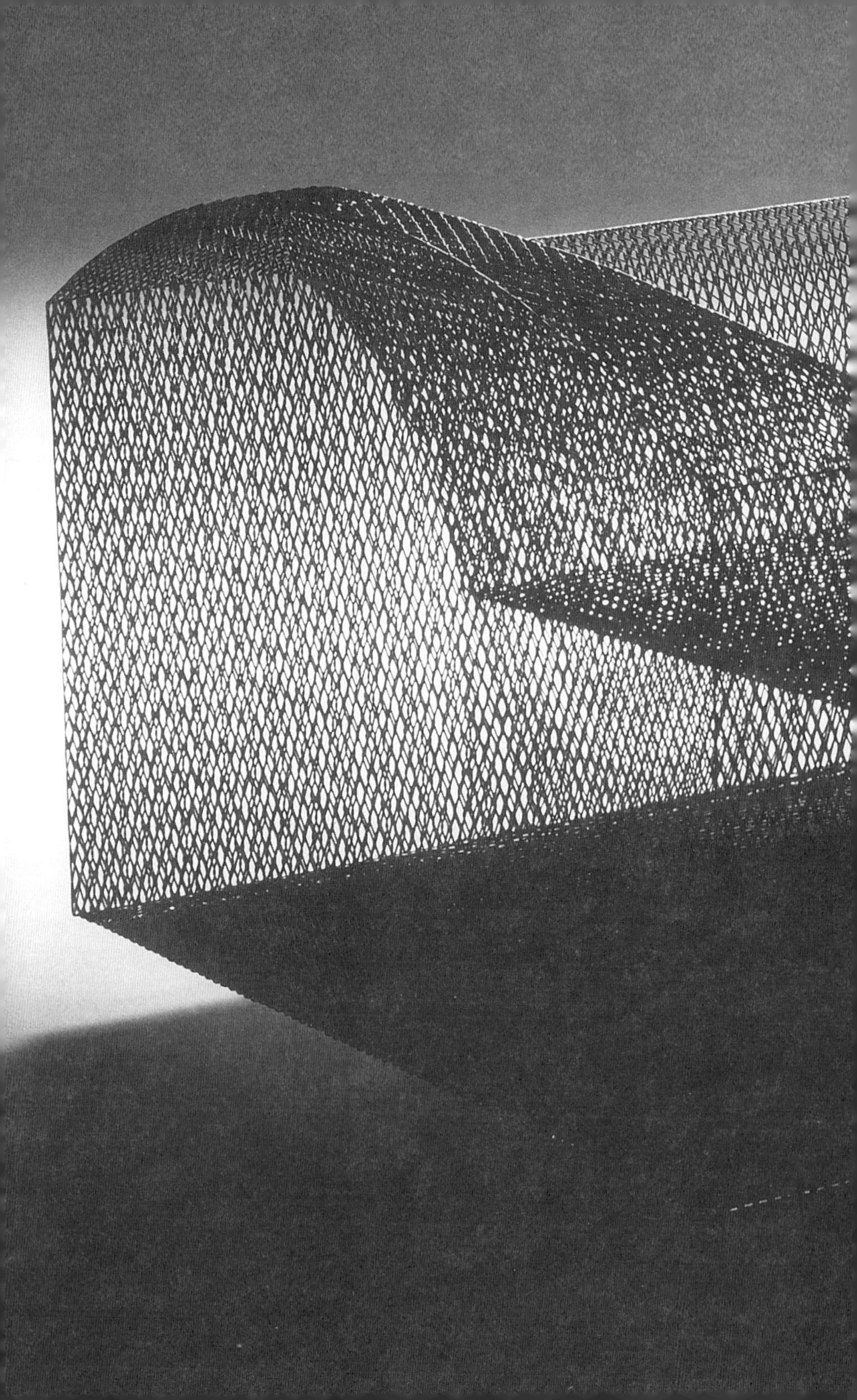

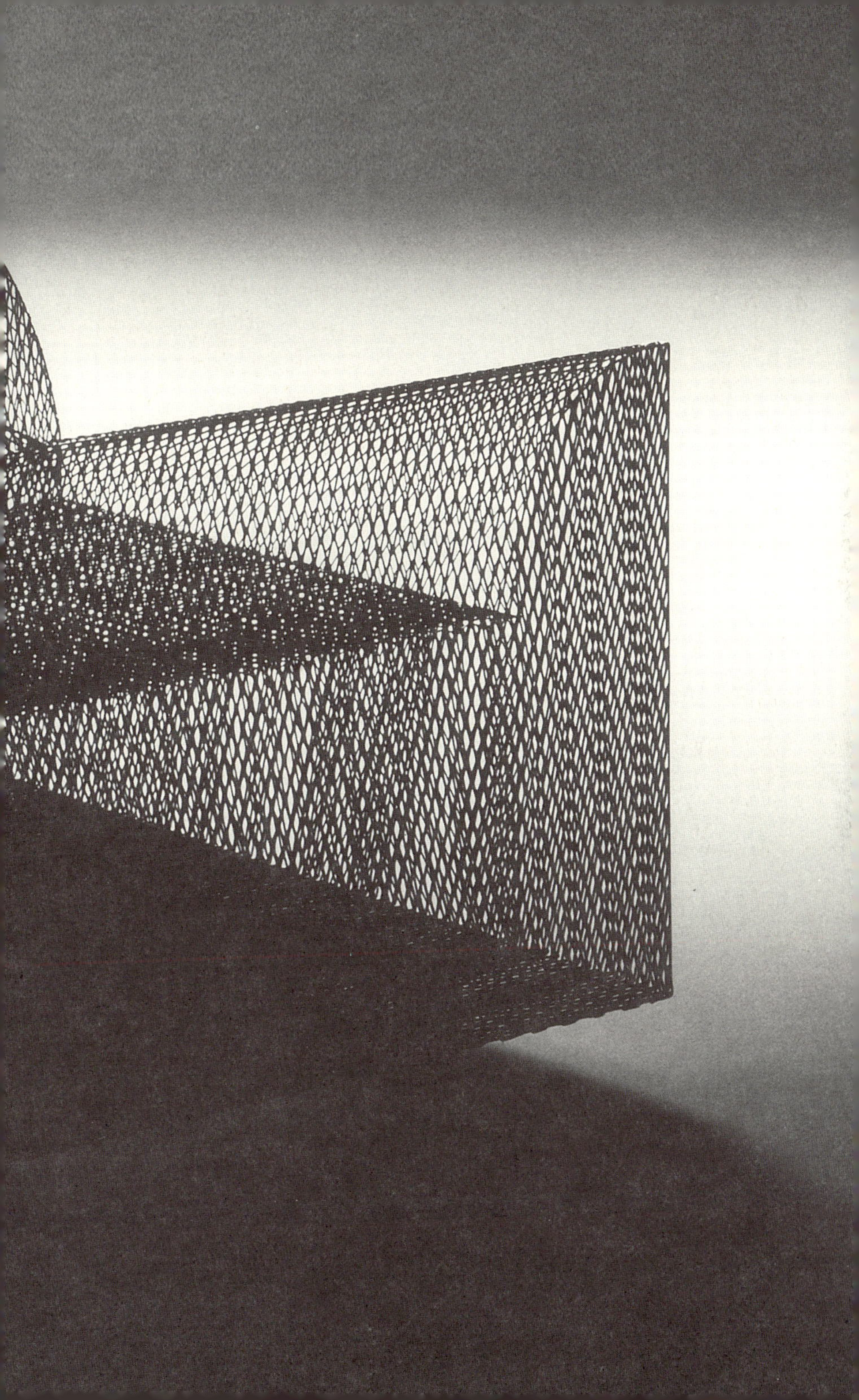

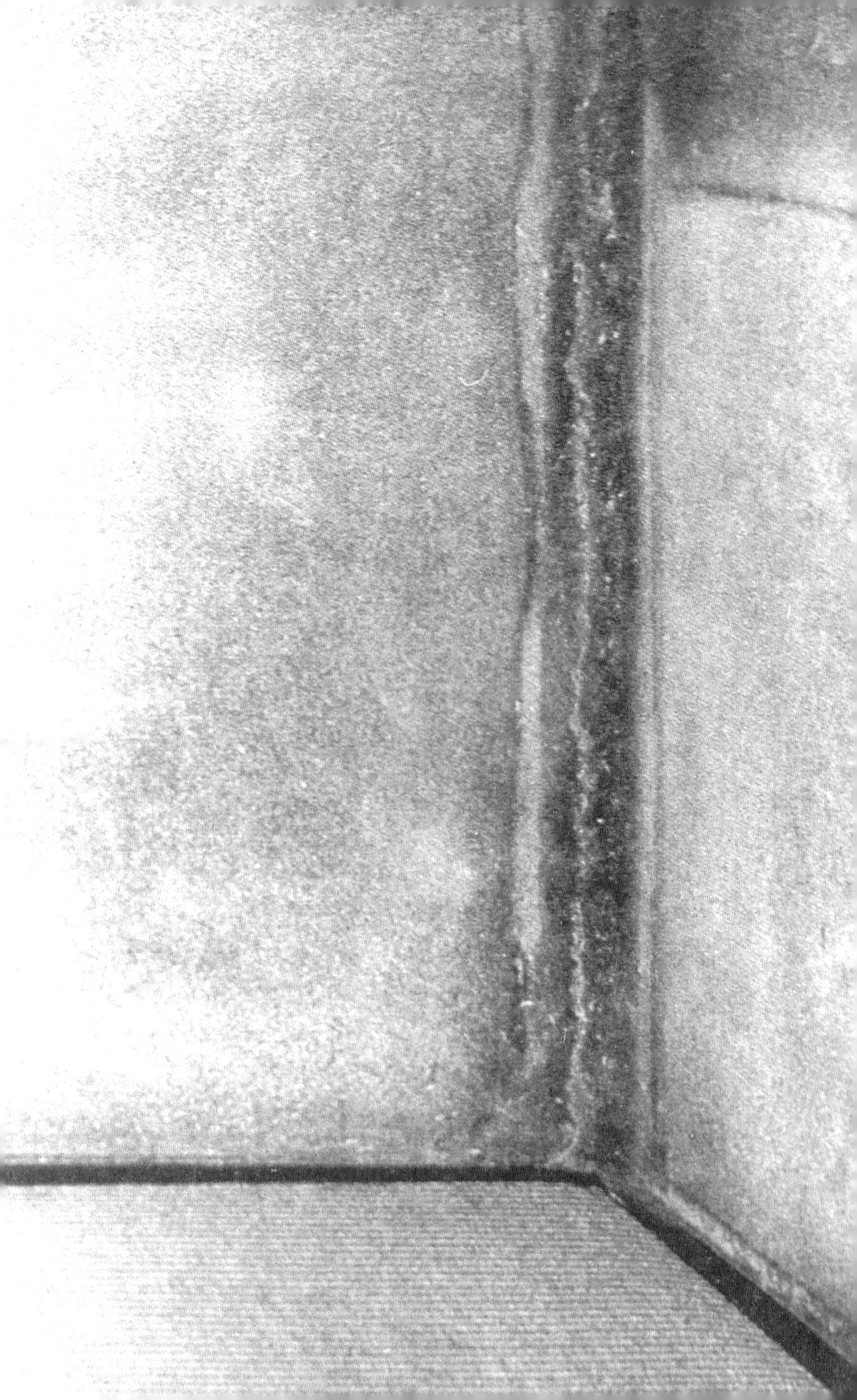

O universo wabi-sabi

Base metafísica

- As coisas são conduzidas para o nada ou se desenvolvem a partir dele

Valores espirituais

- A verdade vem da observação da natureza
- A "grandeza" existe nos detalhes mais discretos e imperceptíveis
- O belo pode ser extraído do feio

Estado de espírito

- Aceitar o inevitável
- Valorizar a ordem cósmica

Preceitos morais

- Livrar-se de tudo aquilo que é desnecessário

- Concentrar-se no que é intrínseco e ignorar a hierarquia material

Características materiais

- Processo natural insinuado no objeto

- Irregularidade

- Intimismo

- Despretensão

- Aspecto terroso

- Aspecto turvo

- Simplicidade

O wabi-sabi pode ser denominado um sistema estético "abrangente". Sua concepção de mundo ou universo é autorreferencial. Ele estabelece uma abordagem integrada da natureza imediata da existência (metafísica), do conhecimento sagrado (espiritualidade), do bem-estar emocional (estado de espírito), do comportamento (moral) e da visão e sensação das coisas (materialidade).[18] *Quanto mais bem definidos estiverem os componentes de um sistema estético (pois, quanto mais instrumentos conceituais houver, mais se estará ancorado em seus fundamentos), mais eficaz esse sistema será.*

A base metafísica do wabi-sabi

Como é o Universo?

As coisas são conduzidas para o nada ou se desenvolvem a partir dele. No campo, quando o crepúsculo começa a se aproximar, um viajante considera procurar um lugar para passar a noite. Ele observa a vegetação alta crescendo por todo canto, então com uma braçada junta uma porção de mato e dá um nó na parte de cima. Pronto, tem ali uma cabana viva feita de mato. Na manhã seguinte, antes de retomar a viagem, ele desata o nó e, na mesma hora, a cabana se desconstrói, desaparece e outra vez se torna uma parte quase imperceptível do extenso campo. O aspecto selvagem original parece ter sido restabelecido, mas restaram vestígios ínfimos do abrigo. Uma leve torção aqui, uma dobra na vegetação ali. Há também a lembrança da cabana na memória do viajante — e na memória do leitor que leu esta descrição. O wabi-sabi, em sua forma mais pura e idealizada, trata precisamente desses vestígios delicados, desse levíssimo rastro nas margens do nada.[19]

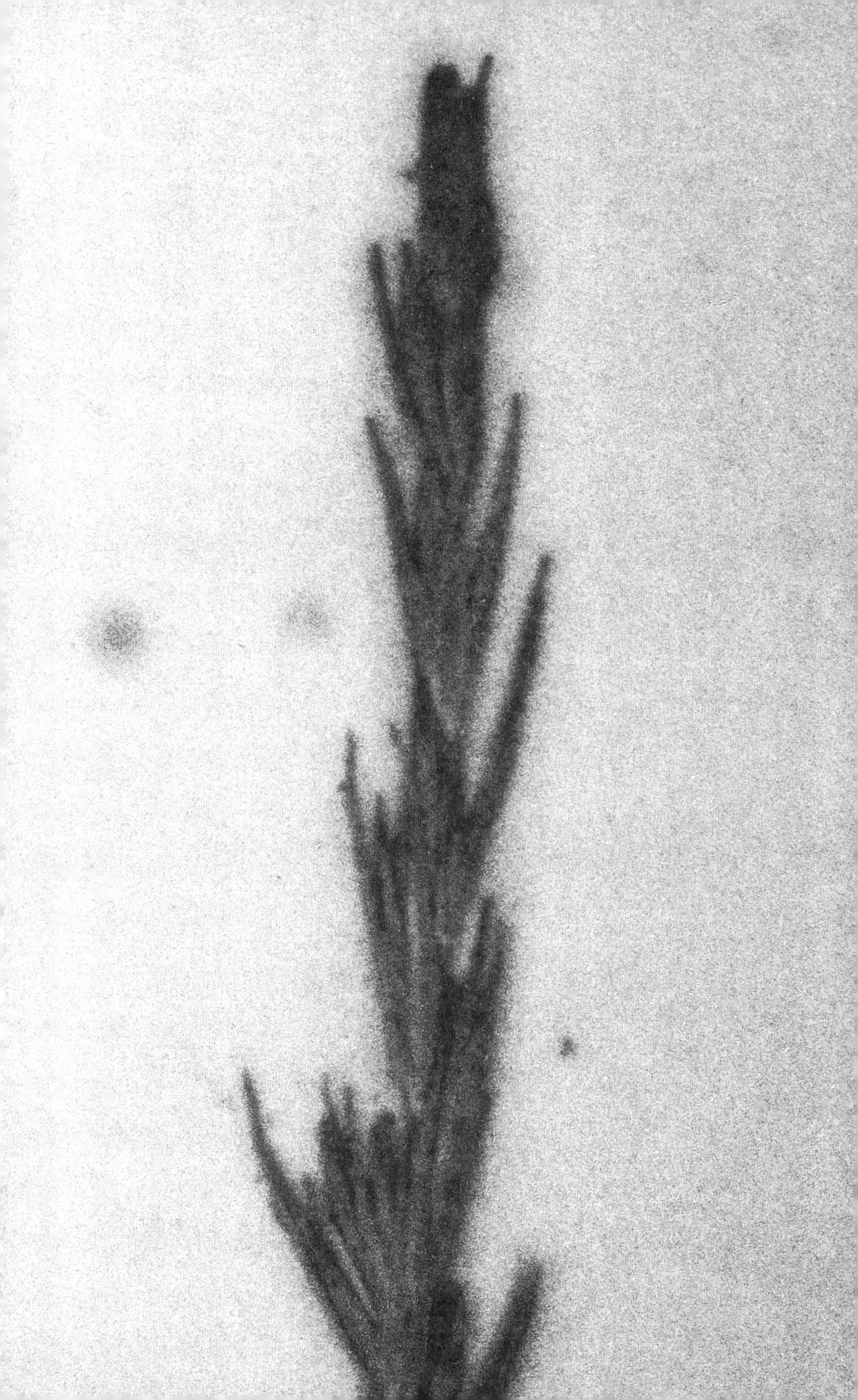

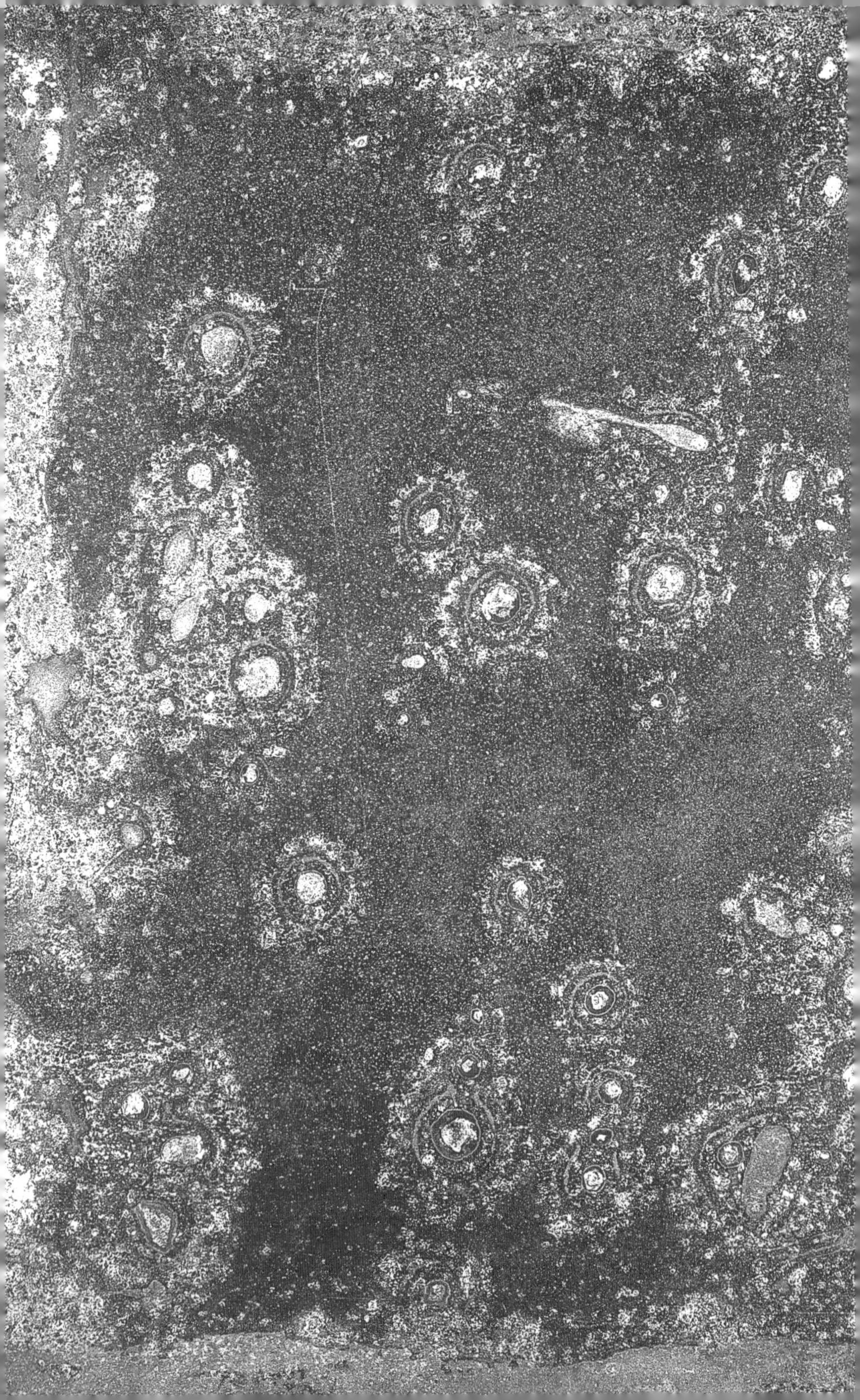

Enquanto destrói coisas, o Universo também constrói outras. As coisas novas surgem do nada. Mas não se pode dizer ao certo, a partir de uma observação apressada, se uma coisa está sendo conduzida para o nada ou se desenvolvendo a partir dele. Poderíamos, por exemplo, confundir um bebê recém-nascido — pequeno, enrugado, curvado, de aparência um pouco grotesca — com um senhor muito velhinho, já à beira da morte. Nas representações do wabi-sabi, o "estar sendo conduzido" costuma se manifestar, talvez de modo arbitrário, em coisas mais escuras, mais confusas e silenciosas. As coisas que estão se desenvolvendo tendem a ser um pouco mais luminosas e brilhantes, um tantinho mais claras e chamativas. E o *nada* em si — em vez de ser o espaço vazio, como entendemos no Ocidente — é cheio de possibilidades. Em termos metafísicos, o wabi-sabi sugere que o Universo está em constante movimento, indo na direção das possibilidades ou se afastando delas.

Valores espirituais do wabi-sabi

Quais são as lições do Universo?

A verdade vem da observação da natureza.[20] Os japoneses tentaram controlar a natureza sempre que possível, e da melhor maneira dentro dos limites da tecnologia disponível. Mas pouco puderam fazer em relação ao clima — verões quentes e úmidos, invernos frios e secos, chuva seguindo a média de um em cada três dias ao longo do ano, com exceção do período de chuvas, no começo do verão, quando tudo fica mergulhado numa leve neblina molhada por seis a oito semanas. E pouco puderam fazer acerca de terremotos, erupções vulcânicas, furacões, inundações, incêndios e maremotos que, de tempos em tempos, sem previsão, assolam sua terra. Os japoneses não confiam muito na natureza, mas aprenderam com ela. Três lições mais óbvias, aprendidas em milênios de contato (e fermentadas no pensamento taoista), foram incorporadas à sabedoria wabi-sabi.

1. *Todas as coisas são transitórias.* O movimento na direção do nada é implacável

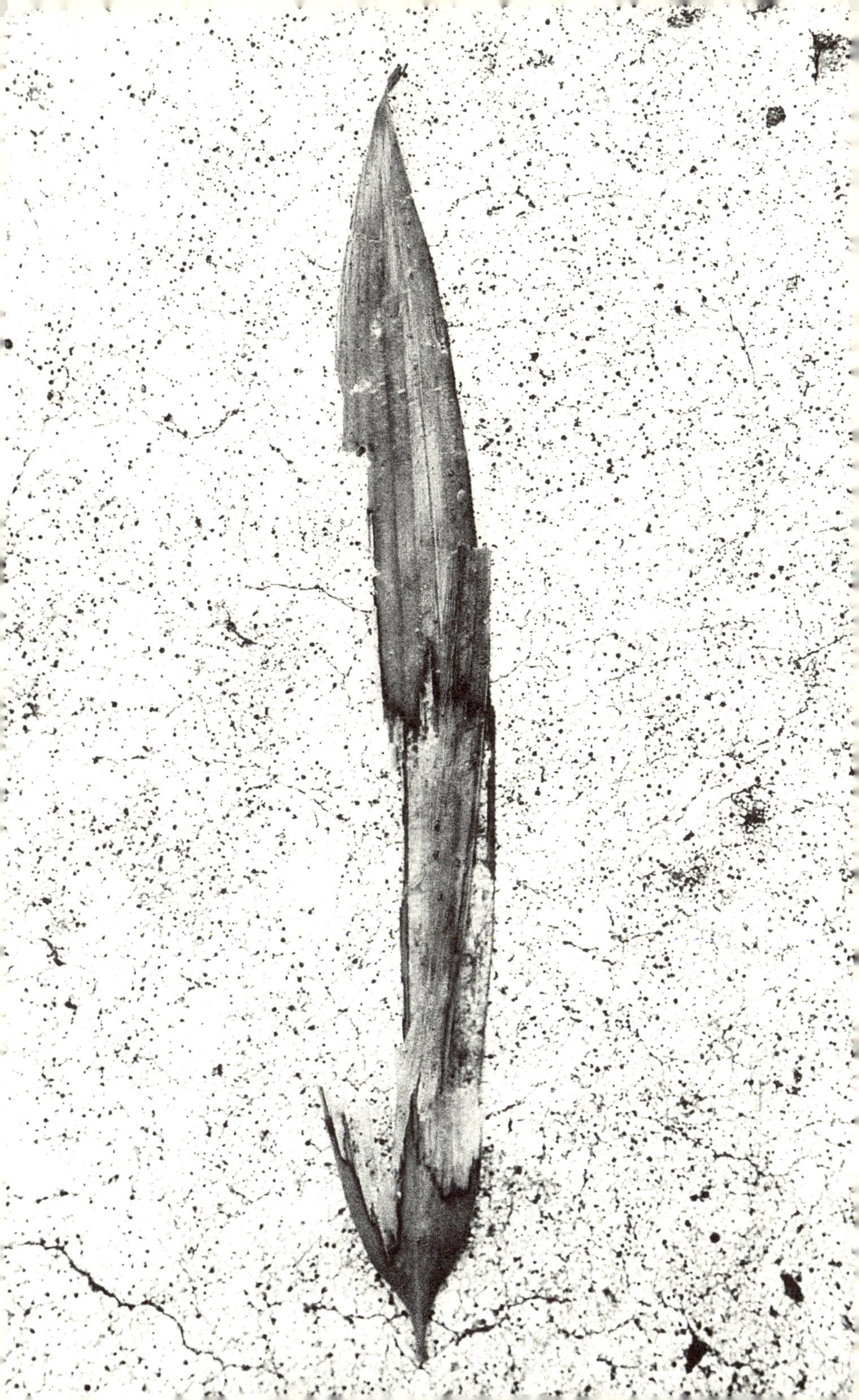

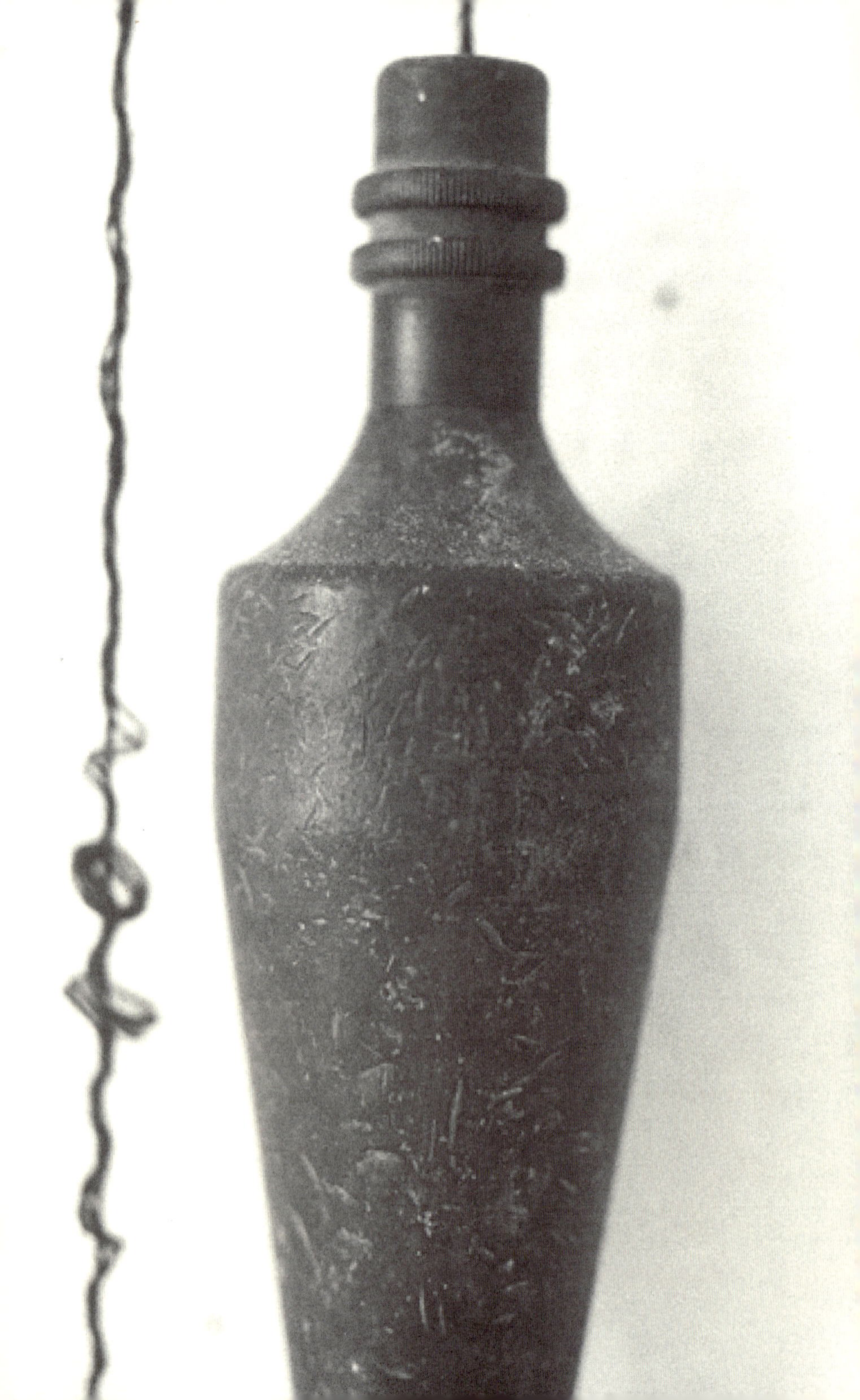

e universal. Até mesmo as coisas com marcas que atestam do que elas são feitas — coisas duras, inertes, sólidas — trazem apenas uma *ilusão* de permanência. Podemos fechar os olhos para não ver, usar estratagemas para esquecer, ignorar ou fingir — mas no fim das contas tudo acaba no nada. Tudo se acaba. Os planetas, as estrelas e até as coisas imateriais, como a reputação de alguém, a herança de família, a memória histórica, os teoremas científicos, as provas matemáticas e as grandes obras de arte e da literatura (mesmo na forma digital), cedo ou tarde tudo se desvanece no esquecimento e na não existência.

2. *Todas as coisas são imperfeitas.* Nada que existe é livre de imperfeições. Quando olhamos as coisas realmente de perto podemos ver os seus defeitos. Ao ampliar uma lâmina de barbear afiada vemos as fendas, falhas e variações microscópicas. Todo mundo que faz trabalhos manuais conhece os limites da perfeição: o imperfeito está sempre à espreita. E quando as coisas começam a desmoronar e a se aproximar de seu estado primordial, tornam-se ainda mais imperfeitas e irregulares.

3. *Todas as coisas são incompletas.* Todas as coisas, incluindo o próprio Universo, estão em um movimento constante para se tornar outra coisa ou se dissolver. Costumamos definir, arbitrariamente, momentos específicos ao longo do percurso que consideramos "finalizados" ou "completos". Mas quando será que o destino final de alguma coisa se torna realidade? Será que a planta está completa quando floresce? Quando produz suas sementes? Quando as sementes se espalham? Quando tudo se transforma em adubo? A noção de completude não encontra ressonância no wabi-sabi.

A "grandeza" existe nos detalhes mais discretos e imperceptíveis. O wabi-sabi representa o exato oposto do ideal ocidental da grande beleza como algo monumental, espetacular e permanente. O wabi-sabi não é visto na natureza em momentos de resplendor e exuberância, mas em momentos iniciais e minguantes. O wabi-sabi não diz respeito a flores esplêndidas, árvores majestosas ou paisagens arrebatadoras. O wabi-sabi diz respeito ao minúsculo e escondido, ao provisório e efêmero: coisas tão sutis e evanescentes que são invisíveis ao olhar comum. Assim como a medicina homeopática, a essência do wabi-sabi é dividida em pequenas doses. Conforme a dose aumenta, o efeito se torna mais potente, mais intenso. Quanto mais próximas as coisas estiverem da não existência, mais sutis e evocativas elas se tornam. Por isso, para experimentar o wabi-sabi é preciso diminuir o ritmo, ter paciência e olhar bem de perto.[21]

O belo pode ser extraído do feio. O wabi-sabi é ambíguo quanto à separação de beleza e não beleza ou fealdade. A beleza no wabi-sabi é, sob um aspecto, a reconciliação com aquilo que se considera feio. O wabi-sabi propõe que a beleza é um acontecimento dinâmico que ocorre entre você e outra coisa. A beleza pode se dar espontaneamente a qualquer momento dependendo das circunstâncias, contexto ou ponto de vista. Assim, a beleza é um estado de consciência alterado, um momento excepcional de poesia e graça.

Do ponto de vista dos comerciantes abastados, dos samurais e aristocratas que praticavam a cerimônia do chá, uma cabana

medieval de agricultor, que tinha servido de
modelo para as salas de chá wabi-sabi, era
um lugar extremamente humilde e miserável.
Mesmo assim, em contexto específico e com
certa orientação, essas cabanas adquiriam
uma beleza excepcional. Da mesma maneira,
os primeiros utensílios de chá wabi-sabi
eram rudes, imperfeitos, com cores turvas
indistinguíveis. Ao serem usados para servir
chá às pessoas acostumadas com os padrões
de beleza chineses, que eram refinados, belos
e perfeitos, eram de início considerados feios.
Quase como se os pioneiros do wabi-sabi
tivessem buscado de propósito modelos
que não eram considerados bonitos em
termos convencionais — modestos, mas não
grotescos em demasia — e criado situações
desafiadoras nas quais esses objetos
pudessem se transformar em seu oposto.

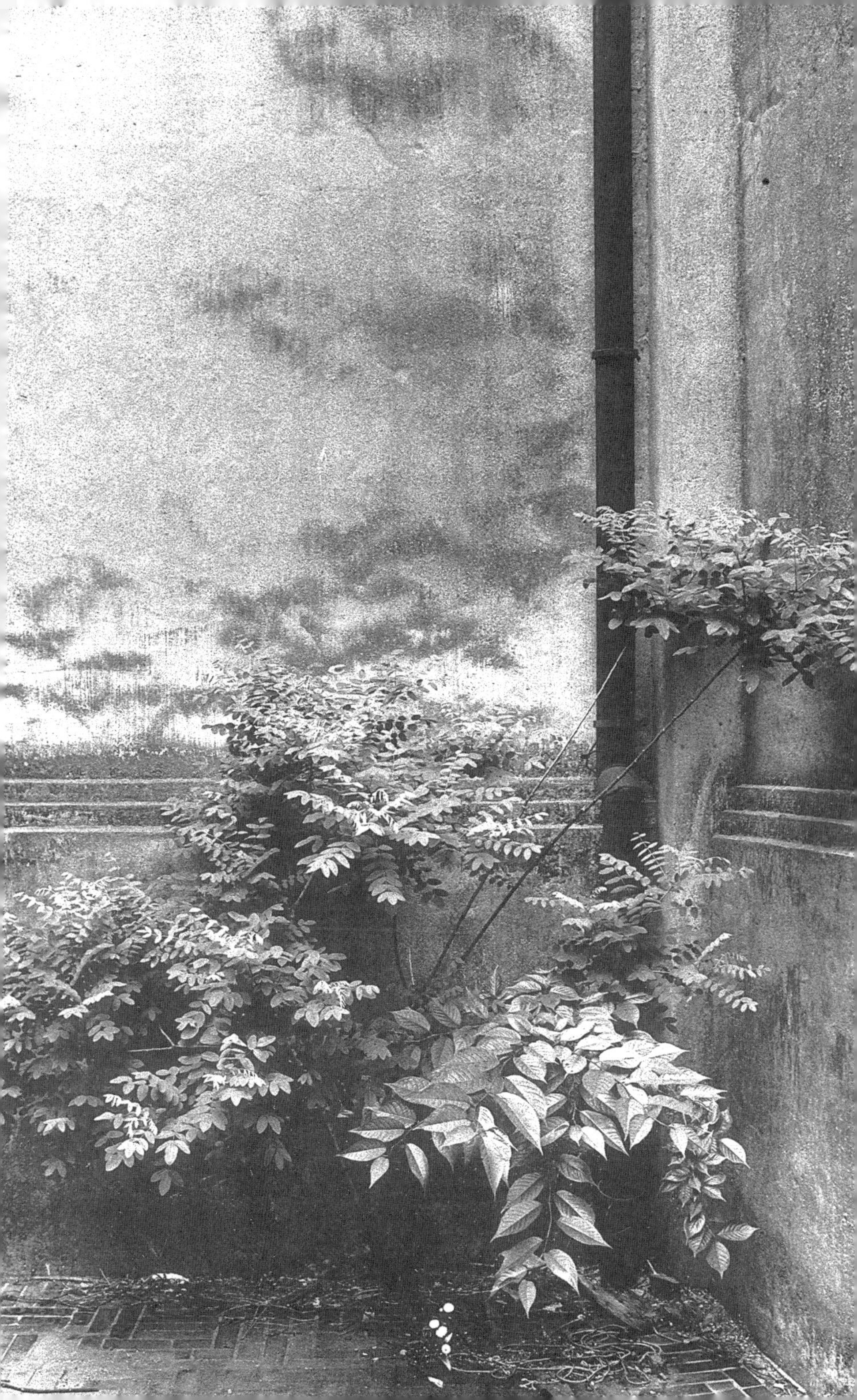

O estado de espírito wabi-sabi

Como nos sentimos em relação àquilo que conhecemos?

Aceitar o inevitável. O wabi-sabi é uma apreciação estética da efemeridade da vida. Uma árvore exuberante no verão é, sob o céu do inverno, apenas um monte de galhos ressecados. Tudo o que restou de um suntuoso palácio foram as ruínas de seus alicerces cobertas por mato e musgo. As imagens wabi--sabi nos obrigam a contemplar nossa própria mortalidade e evocam uma solidão existencial e uma tristeza terna. Elas provocam igualmente uma espécie de conforto agridoce, já que sabemos que toda existência compartilha o mesmo destino.

O estado de espírito wabi-sabi costuma ser comunicado por meio da poesia, pois ela permite a expressão emocional e a criação de imagens fortes, que reverberam e parecem ser "maiores" do que a minúscula moldura verbal que as aprisionam (sugerindo, desse modo, um Universo mais amplo). Rikyu usava com frequência o seguinte poema de Fujiwara no Teika (1162-1241) para descrever a disposição emocional do wabi-sabi:

Nenhuma flor ao redor

Nem folhas de bordo à vista

Apenas uma solitária cabana de pescador

No lusco-fusco do litoral

Neste fim de tarde de outono.[22]

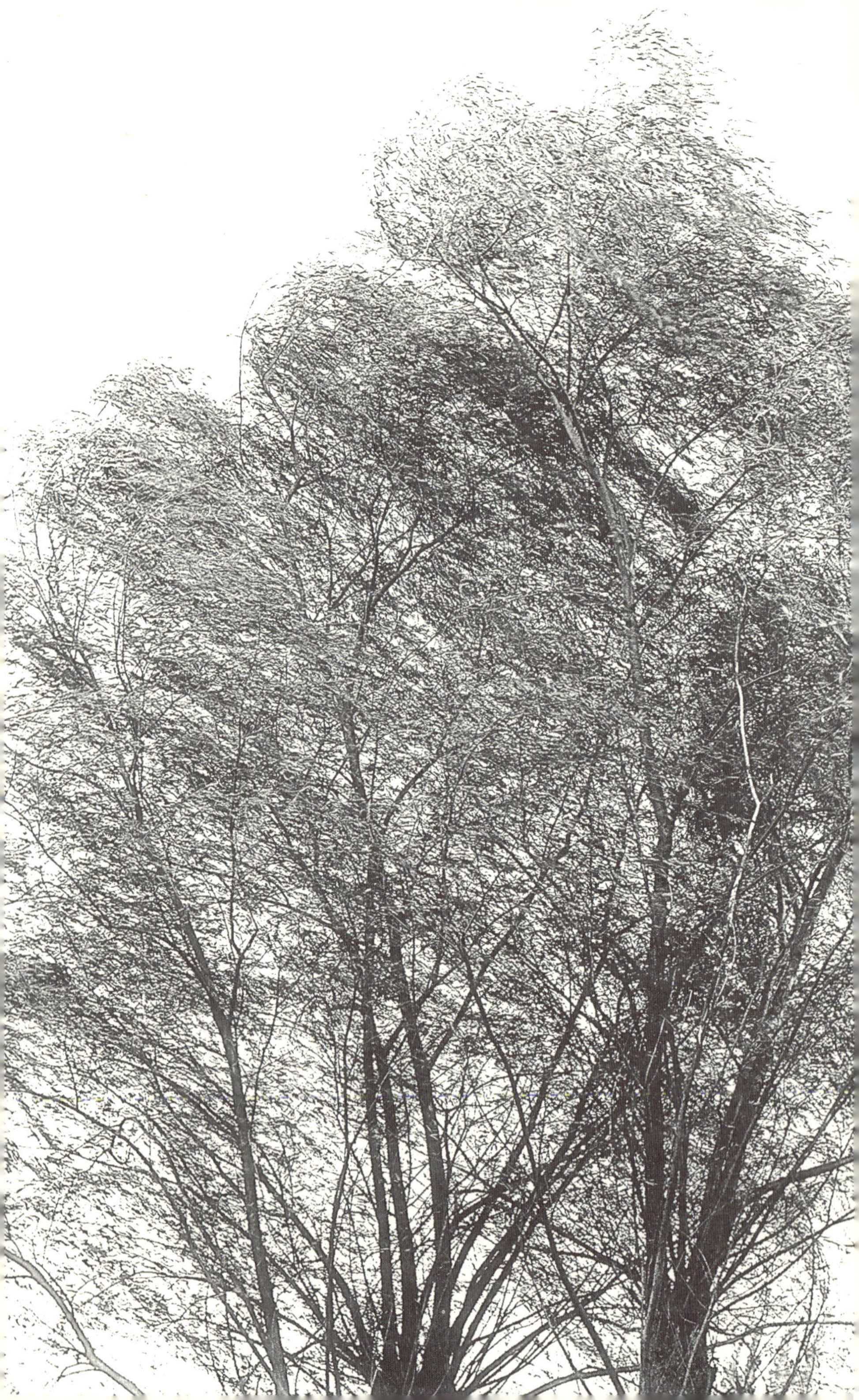

Alguns sons banais também sugerem esse sentimento wabi-sabi, misto de tristeza e beleza. Os guinchos e grasnidos melancólicos das gaivotas e dos corvos. O berro desamparado das buzinas de nevoeiro. O lamento das sirenes das ambulâncias ecoando por entre os cânions dos prédios das metrópoles.

Valorizar a ordem cósmica. O wabi-sabi remete ao mais sutil dos mundos e a todas as mecânicas e dinâmicas da existência, bem além daquilo que o nosso sentido comum consegue perceber. Essas forças primordiais são evocadas em todas as coisas wabi-sabi, do mesmo modo que mandalas hindus ou catedrais medievais europeias, construídas para transmitir com emoção os respectivos programas cósmicos. O material de que são feitas as coisas wabi-sabi provocam tais sentimentos transcendentes. O papel-arroz transmitindo a luz com um brilho difuso. O barro estalando ao secar. A metamorfose de cor e textura do metal quando ele embaça e enferruja. Tudo isso representa as forças físicas e as estruturas profundas subjacentes ao nosso mundo cotidiano.

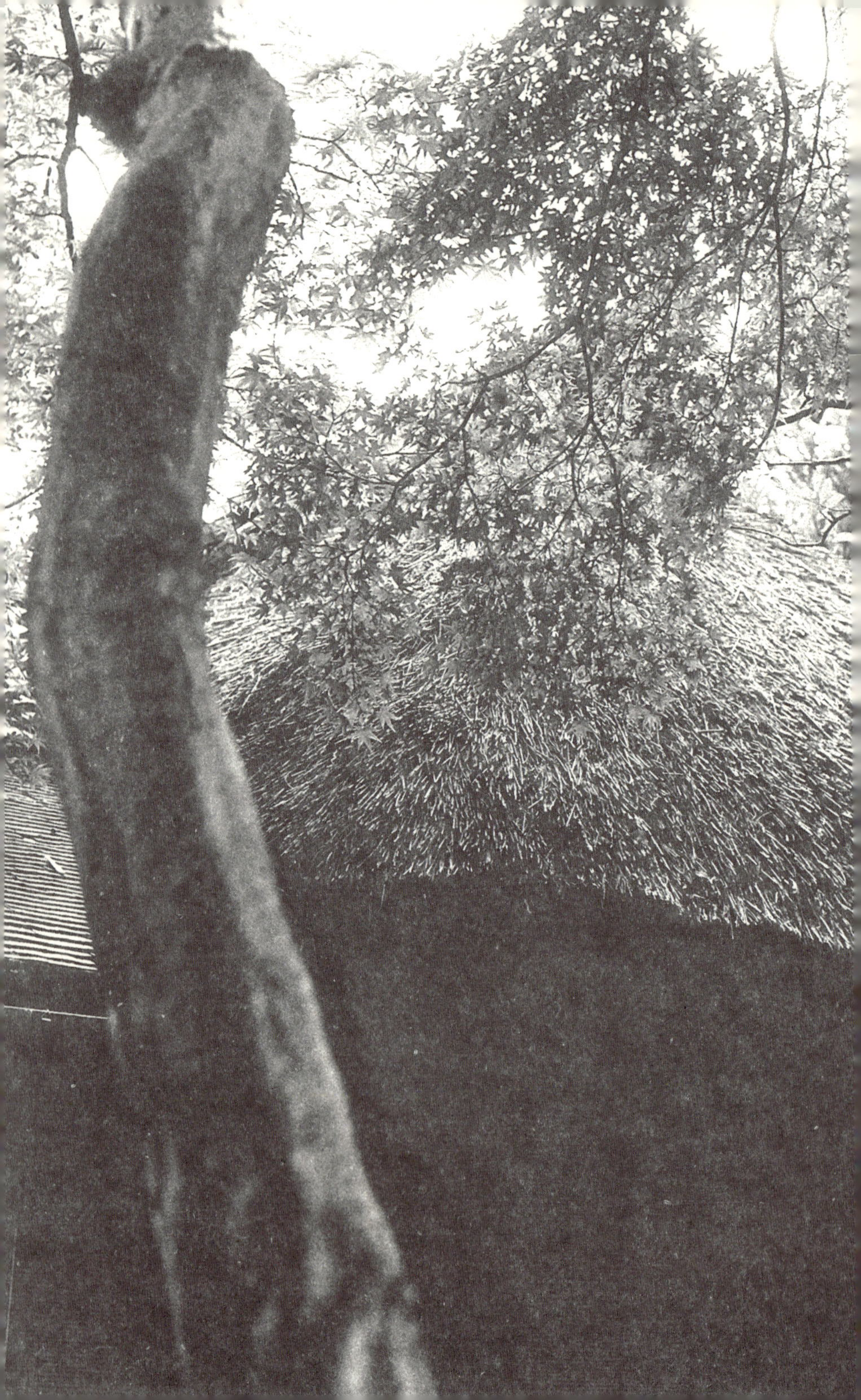

Preceitos morais wabi-sabi

Sabendo o que sabemos, como devemos agir?

Livrar-se de tudo o que não é necessário. Wabi-sabi significa caminhar com leveza sobre o mundo e saber apreciar o que surgir pelo caminho, não importa quão insignificante, em qualquer lugar em que estiver. "Pobreza material, riqueza espiritual" — é esse o provérbio wabi-sabi. Em outras palavras, o wabi-sabi nos diz para deixar de lado a preocupação com o sucesso — riqueza, status, poder e luxo — e aproveitar a vida desimpedida.

É claro que levar uma vida simples nos padrões wabi-sabi exige certo esforço, vontade e algumas decisões difíceis. Para os princípios do wabi-sabi, é importante saber quando tomar decisões, mas também é importante saber quando *não* tomá-las e deixar as coisas acontecerem. Até mesmo no mais alto grau de austeridade da existência material, ainda vivemos num mundo de coisas. O wabi-sabi é exatamente o delicado equilíbrio entre o prazer que sentimos com as coisas e o prazer que sentimos com a liberdade das coisas.

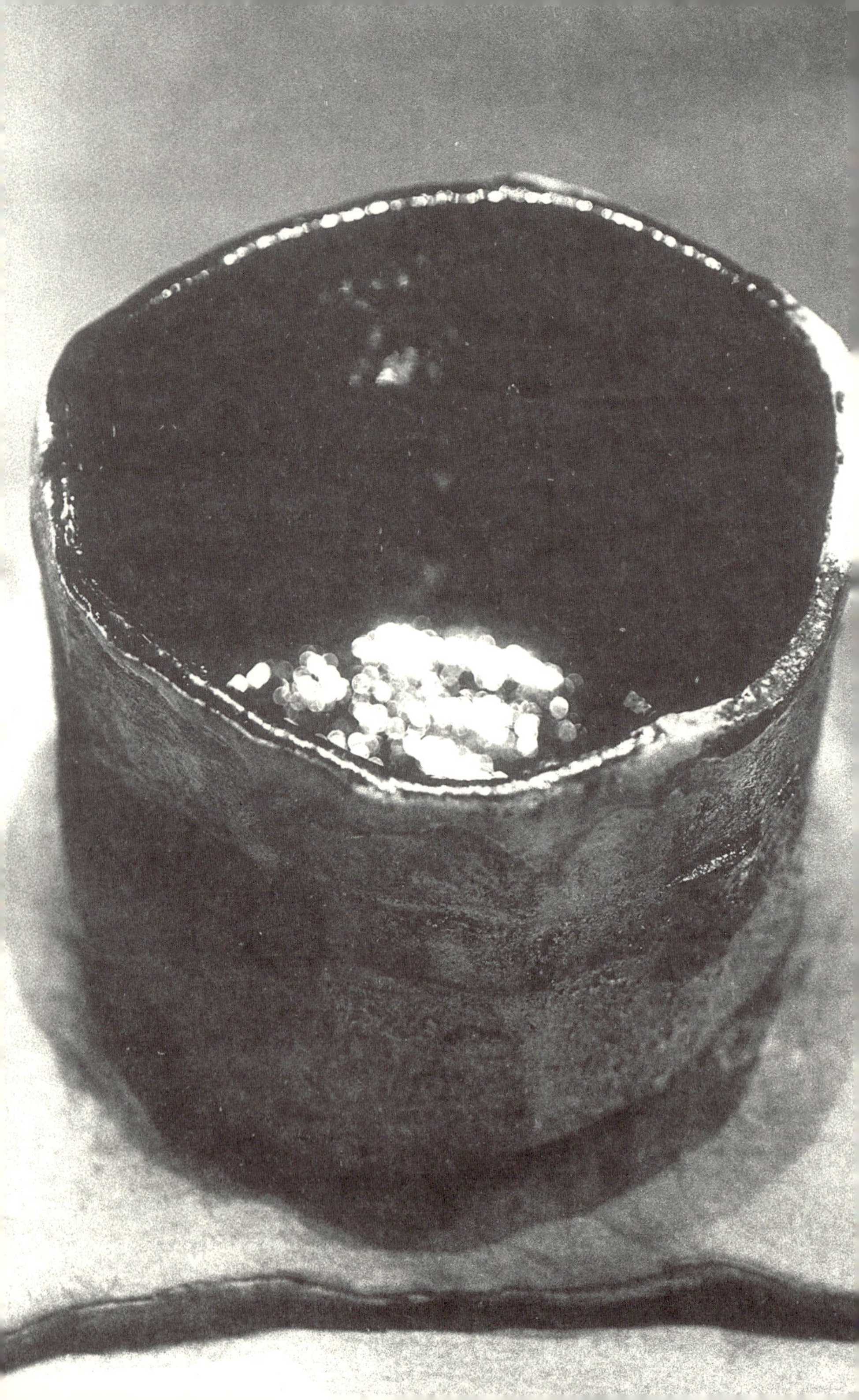

Concentrar-se no que é intrínseco e ignorar a hierarquia material. A proibição de alguns comportamentos para os frequentadores da sala de chá wabi-sabi manifesta claramente os valores wabi-sabi. Em primeiro lugar, como um ato simbólico de humildade, todo mundo deve entrar na sala de chá se curvando ou engatinhando por uma pequenina porta de entrada propositadamente baixa e pequena. Dentro do espaço, a atmosfera é igualitária. É inaceitável pensar em termos hierárquicos — "isso é mais alto/melhor, isso é mais baixo/pior". O estudante pobre, o empresário rico e o líder religioso poderoso — pessoas de classes sociais diferentes no mundo lá fora — são iguais do lado de dentro. Do mesmo modo, para um observador sensível, as características essenciais dos objetos dentro da sala de chá ou são evidentes ou eles não deveriam estar ali. Elementos convencionais que ajudem a discernir as origens ou os nomes dos artesãos dos objetos não têm a menor importância. A hierarquia normal que relaciona o valor material ao custo também é posta de lado. O barro, o papel e o bambu têm, de fato, mais qualidade/valor wabi-sabi do que o ouro, a prata e o diamante. No wabi-sabi, não há nada "de valor", já que isso implicaria a noção de "não valor". Um objeto adquire o estado wabi-sabi apenas no momento em que é tratado como tal.[23] Na sala de chá, consequentemente, as coisas passam a existir apenas no momento em que manifestam suas características wabi-sabi. Fora da sala de chá, elas voltam à sua realidade banal, e a breve existência que tiveram como wabi-sabi se desvanece.

As características materiais do wabi-sabi

Quais objetos/motivos/justaposições expressam nosso entendimento do Universo ou produzem esse entendimento nas outras pessoas?

Processo natural insinuado no objeto. As coisas wabi-sabi são expressões do tempo congelado. Elas são feitas de materiais visivelmente vulneráveis aos efeitos do clima e do uso humano. Elas registram sol, vento, chuva, calor e frio, traduzindo isso tudo numa linguagem de descoloração, ferrugem, embaciamento, empenamento, encolhimento, manchas, rugas e rachaduras. Fendas, lascas, nódoas, cicatrizes, cavidades, descascados e outras formas de desgaste são um testemunho das histórias de uso e mau uso. Embora as coisas wabi-sabi possam estar quase se desmaterializando (ou se materializando) — pelo aspecto muito vago, frágil ou desidratado —, elas ainda mantêm intactos seu caráter e sua firmeza.

Irregularidade. As coisas wabi-sabi são indiferentes ao bom gosto convencional.

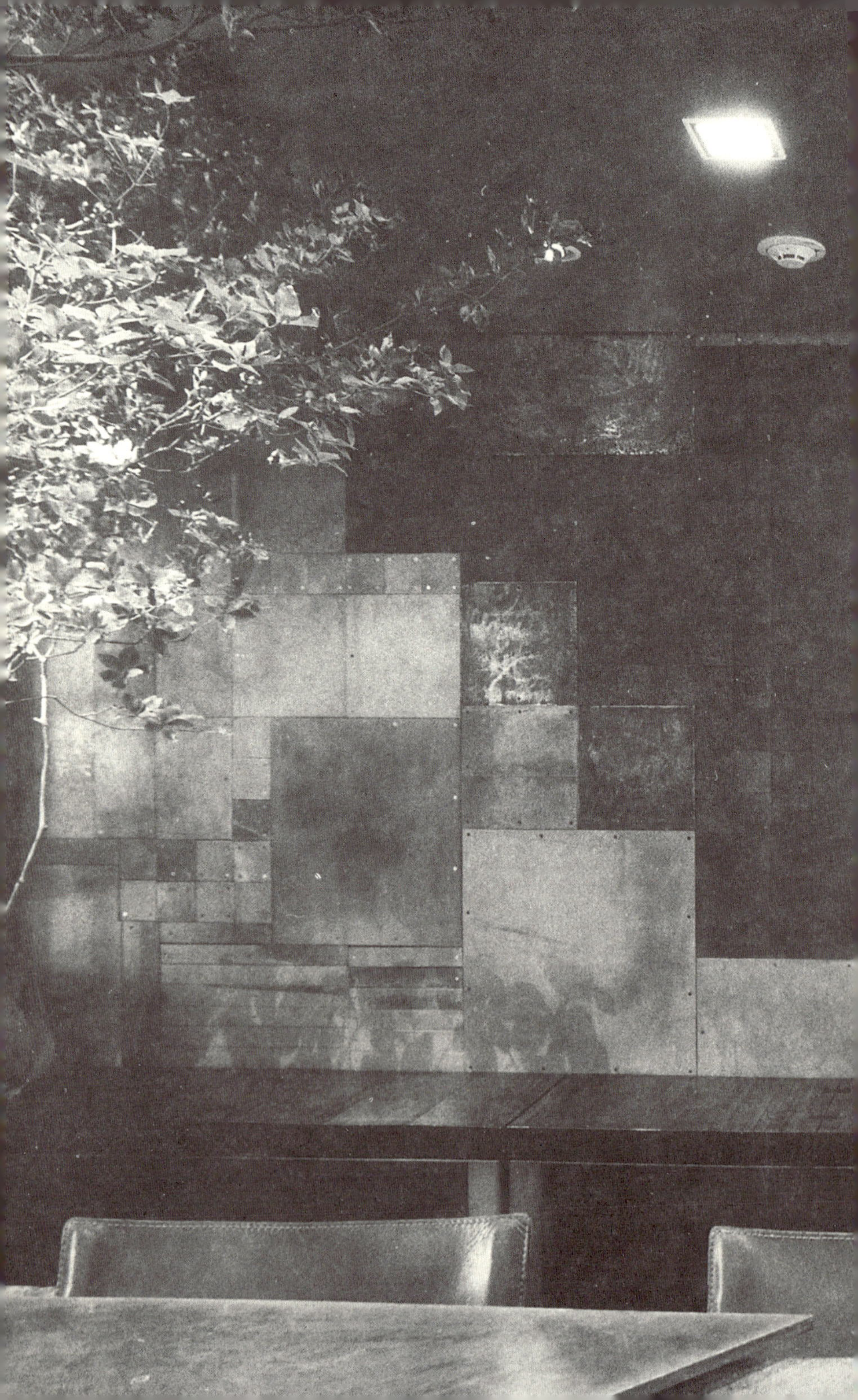

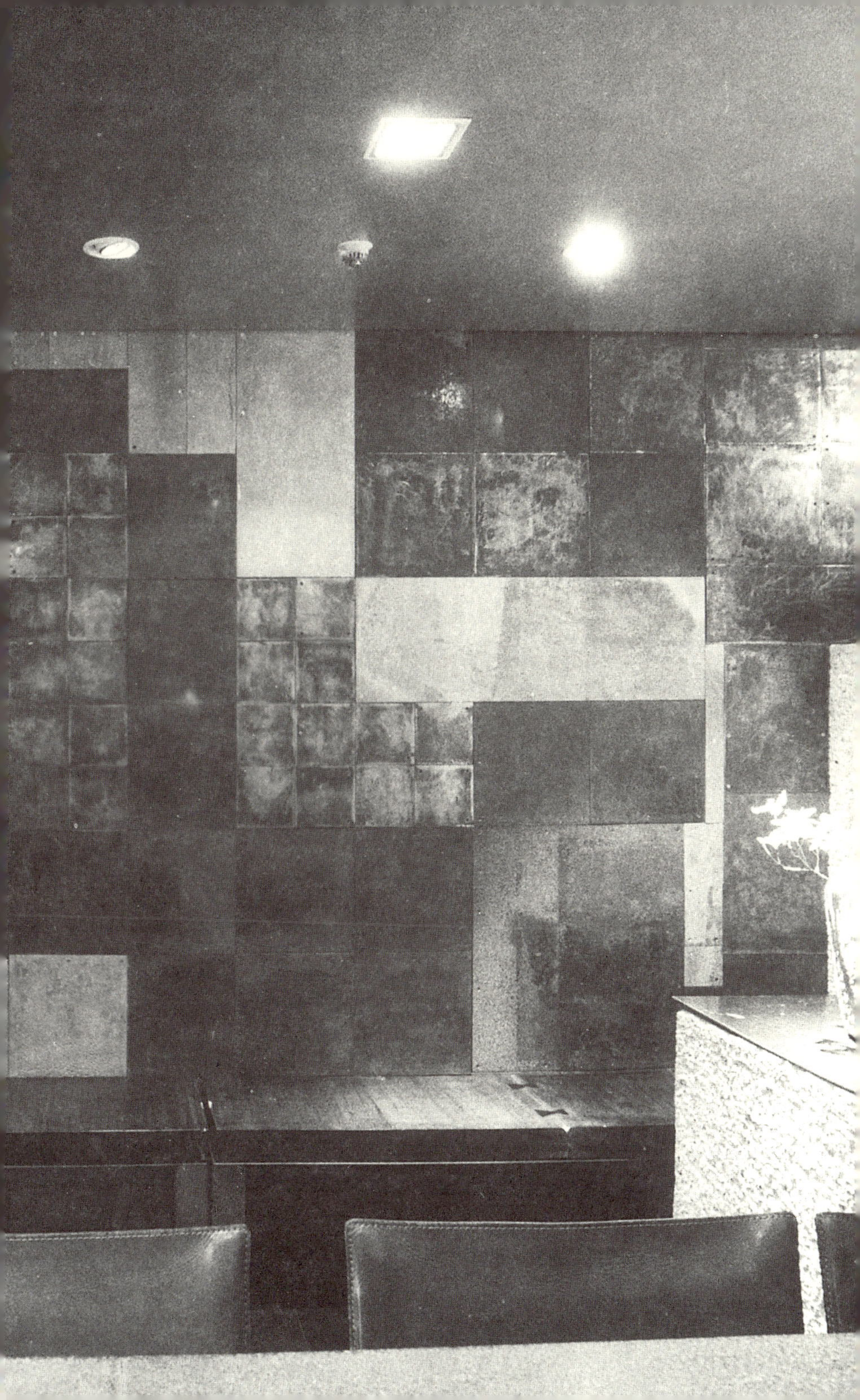

Já que as soluções "corretas" do design são conhecidas, o wabi-sabi apresenta de propósito as soluções "erradas".[24] Por consequência, as coisas wabi-sabi geralmente parecem estranhas, deformadas, grosseiras ou, na opinião de muitas pessoas, feias. As coisas wabi-sabi podem exibir os efeitos de um acidente, como uma tigela que se quebrou e foi colada. Ou podem mostrar o resultado de quando as coisas acontecem ao acaso, como os tecidos irregulares que são criados quando se sabota o programa de tecelagem no computador.

Intimismo. As coisas wabi-sabi geralmente são pequenas e compactas, silenciosas e voltadas para dentro. Elas atraem: convidam a se aproximar, se relacionar, tocar. Elas inspiram uma menor distância psíquica entre uma coisa e outra; entre pessoas e coisas.

Os lugares wabi-sabi são ambientes pequenos, isolados e privados que favorecem as reflexões metafísicas. Por exemplo, as salas de chá wabi-sabi chegam a ter menos do que 9 metros quadrados de chão. Os tetos são baixos; as janelas, pequenas; as entradas, estreitas; e a iluminação, bastante suave. São

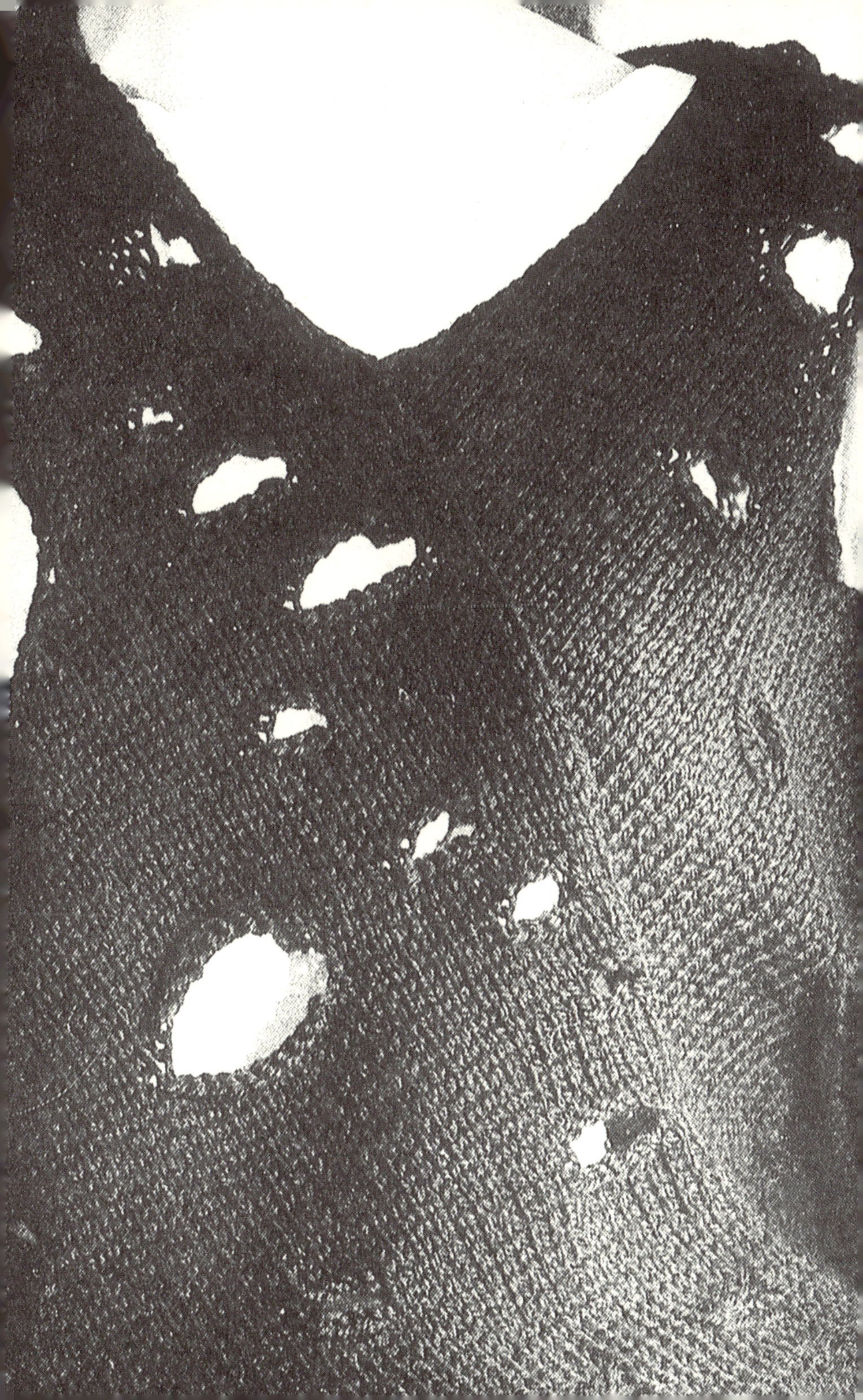

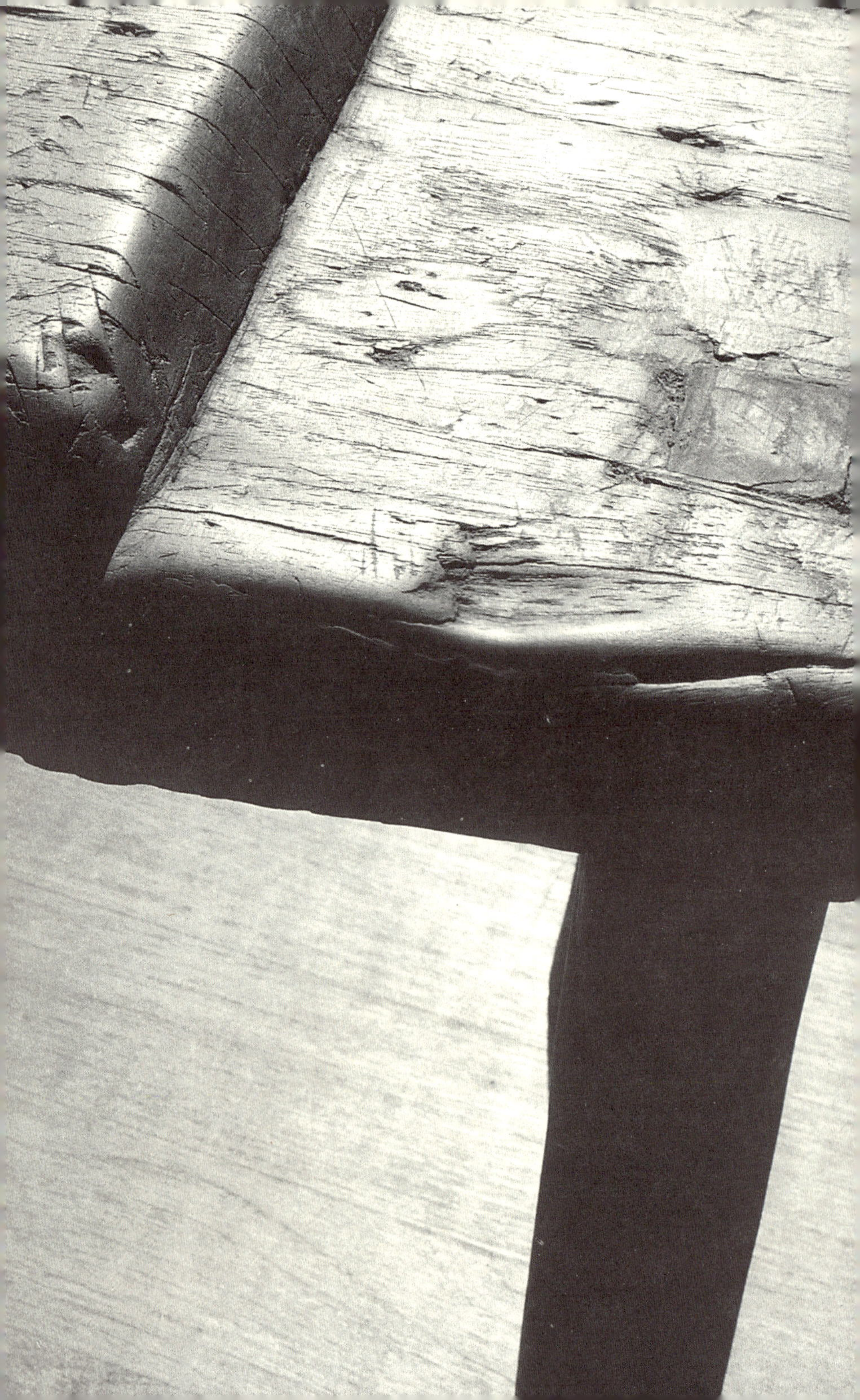

lugares tranquilos e que acalmam, envolventes e acolhedores. São um mundo à parte: lugar nenhum, qualquer lugar, todos os lugares. Dentro da sala de chá, como dentro de todos os lugares wabi-sabi, cada objeto parece crescer em importância na proporção inversa ao seu tamanho real.[25]

Despretensão. As coisas wabi-sabi são espontâneas e inevitáveis. Elas não saem gritando por aí "Vejam como sou importante" nem pedindo para ser o centro das atenções. São discretas e modestas, mas não sem presença ou força silenciosa. As coisas wabi-sabi facilmente coexistem com o restante do seu entorno.[26]

As coisas wabi-sabi são apreciadas apenas durante o contato e o uso imediatos; elas não ficam resguardadas em um museu. As coisas wabi-sabi não precisam de uma reafirmação de seu status nem da validação do mercado cultural. Não precisam de documentação de origem. O mundo wabi-sabi não depende de forma alguma do conhecimento ou da formação de seu criador, nem de sua personalidade. Na verdade, tanto melhor se o criador for alguém sem distinção, invisível, anônimo.

Aspecto terroso. As coisas wabi-sabi podem parecer grosseiras e não refinadas. Em geral são feitas com materiais recém-tirados de sua condição original, de dentro da terra ou sobre ela, e são cheias de texturas naturais que produzem sensações táteis ligadas à aspereza. O trabalho que o artesão realizou nelas pode ser impossível de discernir.

Aspecto turvo. As coisas wabi-sabi têm uma característica vaga, imprecisa ou atenuada — como as coisas que estão se aproximando do nada (ou saindo dele). Bordas que eram rígidas assumem um brilho suave e pálido. A materialidade que era imponente passa a ter um aspecto esponjoso. Cores que tinham um brilho saturado desvanecem, adquirindo tons terrosos e turvos ou matizes embaçados típicos da alvorada ou do pôr do sol. O wabi-sabi se manifesta numa gama infinita de cinza: marrom com toques de cinza azulado, preto acinzentado com tons de vermelho prateado, índigo verde amarelado... E marrons: azul-escuro acastanhado, verde fosco... E pretos: preto avermelhado, preto azulado, preto acastanhado, preto esverdeado...

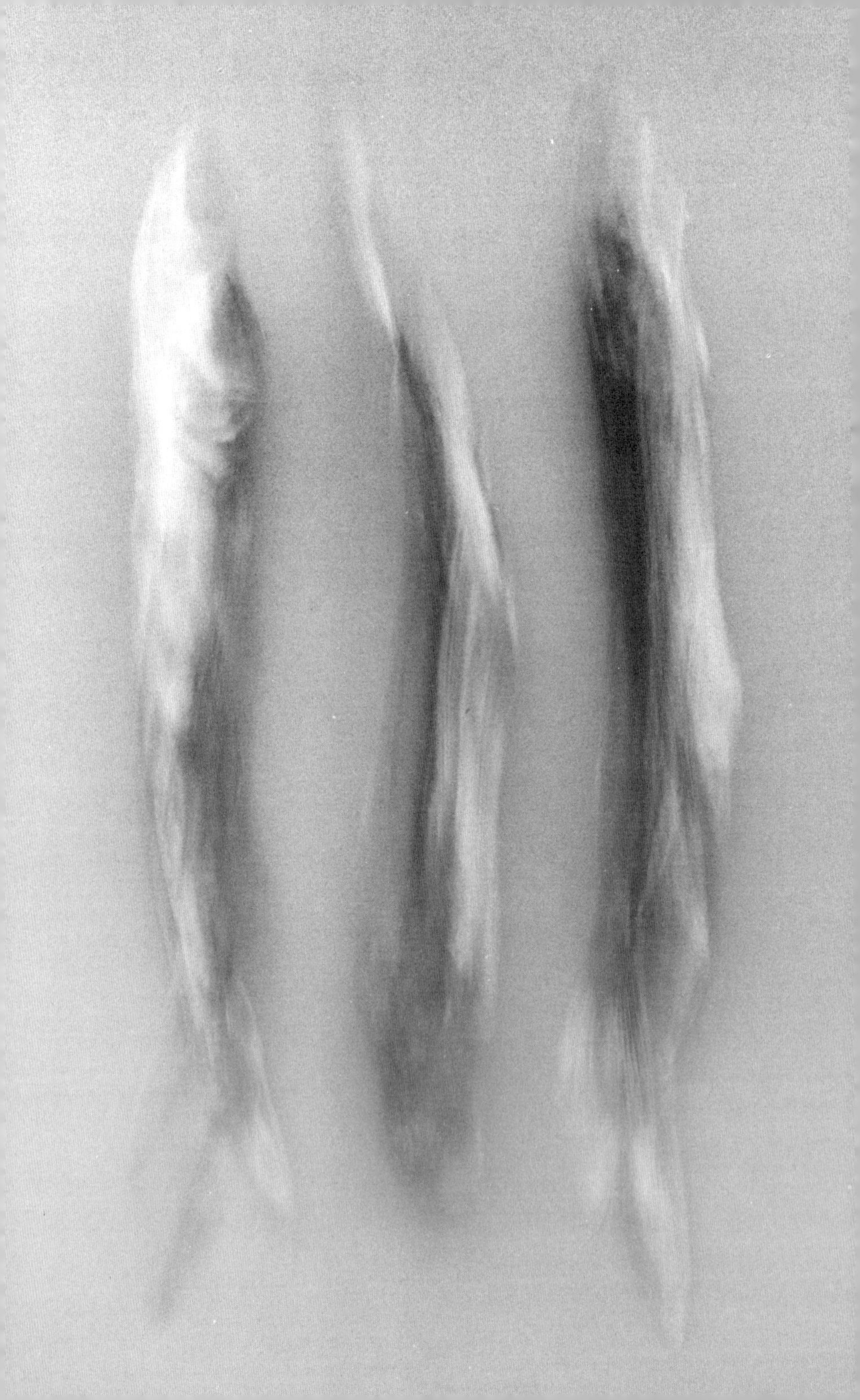

Com menos frequência, as coisas wabi-sabi podem também se encaminhar para o claro, atingindo cores pastel associadas ao recente surgimento a partir do nada. Como os tons esbranquiçados do algodão cru, do cânhamo e do papel reciclado. O prata enferrujado das novas mudas e brotos. Os castanhos esverdeados dos botões de flores intumescentes.

Simplicidade. A simplicidade está no cerne do wabi-sabi. O nada é, obviamente, a derradeira simplicidade. Mas, antes e depois do nada, a simplicidade não é tão simples. Parafraseando Rikyu, a essência do wabi-sabi, tal como ela se manifesta na cerimônia do chá, é a própria simplicidade: ir buscar água, juntar lenha, ferver a água, preparar o chá e servi-lo às pessoas. Rikyu propõe que os outros detalhes sejam inventados por cada um.

Mas como exercitar as restrições exigidas pela simplicidade sem cair numa espécie de ostentação da austeridade? Como prestar atenção a todos os detalhes necessários sem se tornar meticuloso em demasia? Como alcançar a simplicidade sem trazer o tédio?

É provável que a melhor descrição da simplicidade do wabi-sabi seja um estado de graça atingido por uma inteligência sóbria, modesta e sincera. A estratégia principal dessa inteligência é a economia de meios. Reduza tudo à essência, mas não elimine a poesia. Mantenha o ambiente limpo e desimpedido, mas não esterilize as coisas. (As coisas wabi-sabi são emocionalmente quentes, nunca frias.) De modo geral, isso implica uma paleta limitada de materiais. Também significa mostrar o mínimo possível as características visíveis. Mas não significa excluir o tecido conjuntivo invisível, que de certo modo reúne os elementos num todo com significado. Também não significa diminuir a capacidade de interesse despertada por alguma coisa, a qualidade que nos obriga a olhar para aquela coisa uma vez, e depois mais outra, e assim por diante.

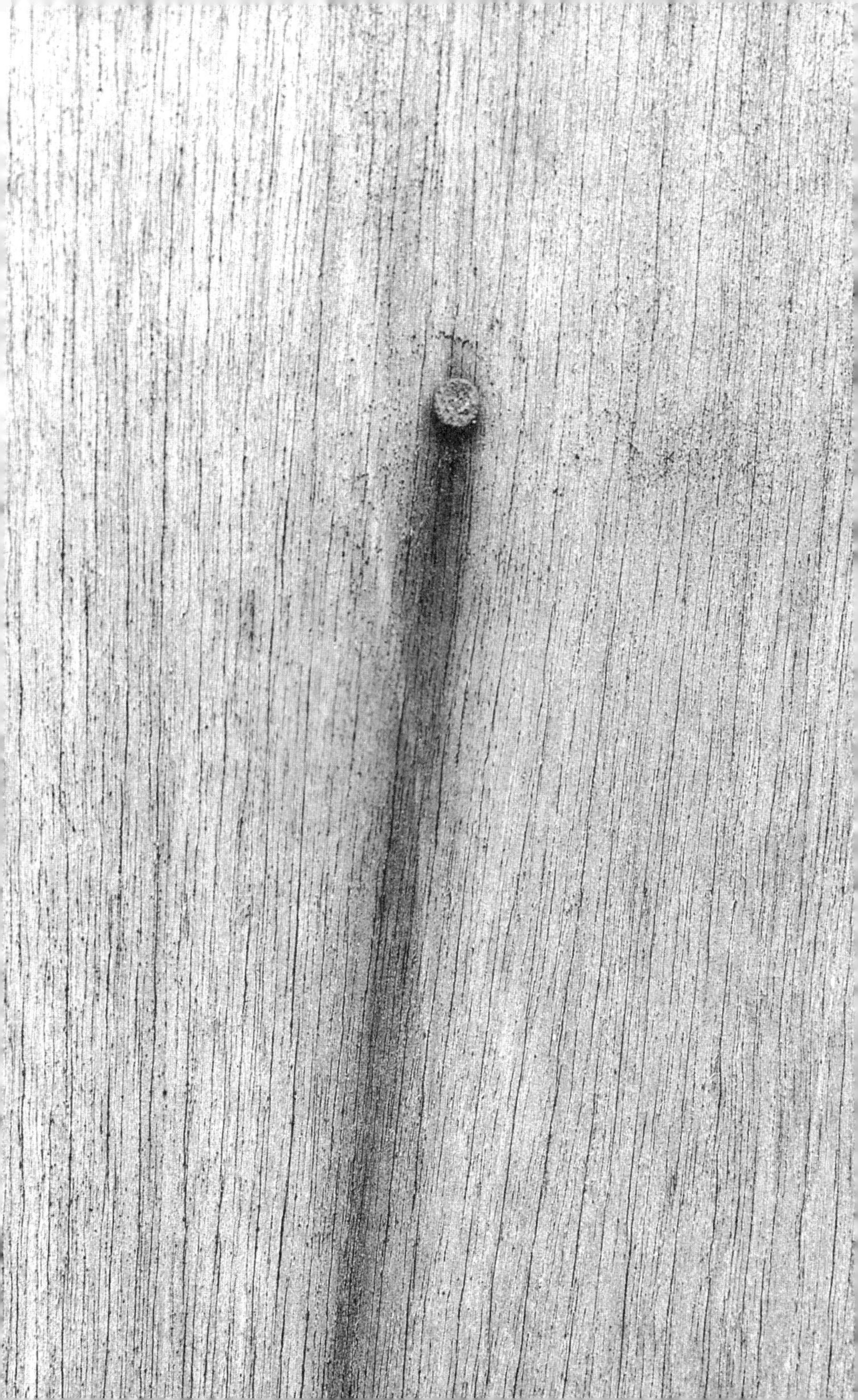

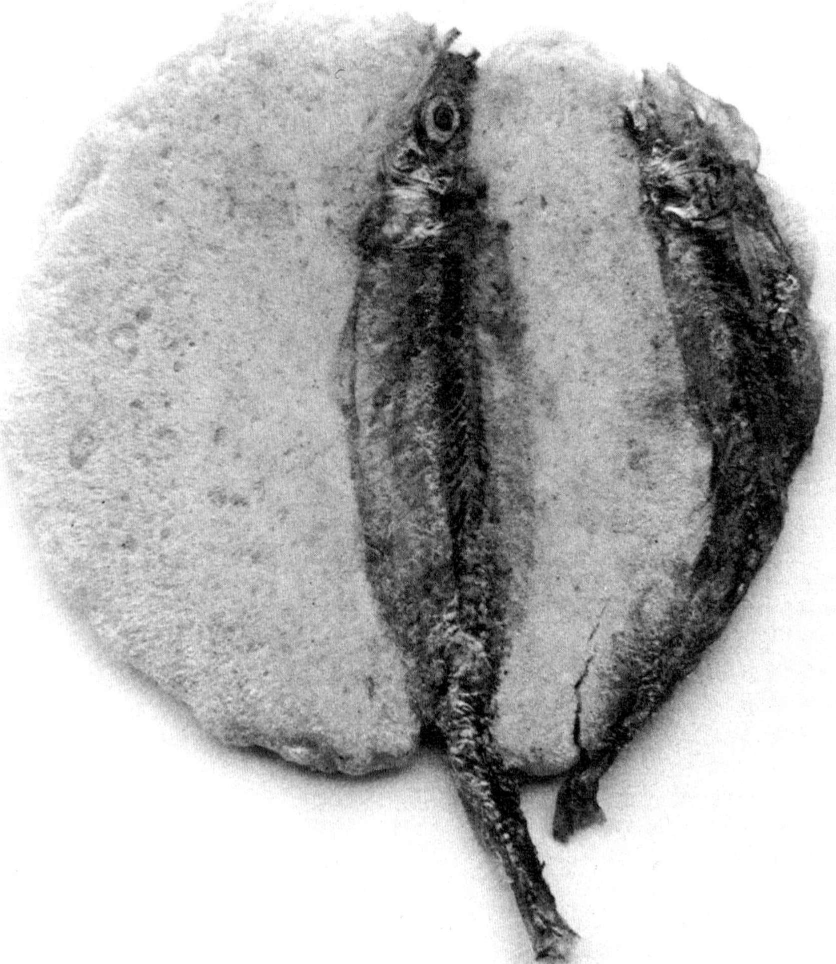

Notas

¹ Além de um ambiente ao ar livre feito de bambu, projetado por Teshigahara, as outras estruturas para a cerimônia do chá foram concebidas por Tadao Ando, Arata Isozaki e Kiyonori Kikutake. O evento se chamava Grande Evento do Chá de Numazu, numa referência direta à Grande Reunião do Chá no Templo de Kitano, de outubro de 1587, maior cerimônia do chá já realizada no Japão. Depois de conquistar Kyushu, uma ilha ao sul do país, o chefe militar Toyotomi Hideyoshi convocou todos os profissionais do chá, tanto ricos quanto pobres, para comparecerem a esse evento no templo de Kitano, em Kyoto. Cerca de oitocentas cabanas de chá se espalharam pelas propriedades do templo entre os pinhais.

² Ao longo deste livro, o termo "estética" se refere a um conjunto de valores inspiradores e princípios — parâmetros — que servem para o discernimento artístico e a tomada de decisões. Os traços distintivos de uma "estética" são (1) especificidade (saber diferençar algo na massa das percepções comuns, caóticas e indiferenciadas), (2) clareza (o *ponto* estético precisa ser definido — claro —, mesmo que a estética

seja sobre o indefinido) e (3) repetição (continuidade).

[3] Até agora, o wabi-sabi não tinha uma estrutura formal e sistemática. Será que a abordagem deste livro é intelectualmente legítima? Sen no Rikyu, a maior autoridade em wabi-sabi de acordo com os acadêmicos ortodoxos, teria dito que é possível alcançar a essência de uma regra ou conceito se entendermos sua totalidade. Assim, se alguém quiser, as formas derivadas podem ser modificadas para ir ao encontro das necessidades em curso. Em certo sentido, é o que o autor deste livro está fazendo aqui com o wabi-sabi.

[4] O zen-budismo se originou na Índia e depois viajou para a China, no século VI d.C., onde se desenvolveu um pouco mais. Foi introduzido no Japão pela primeira vez por volta do século XII. O zen chama a atenção para "uma percepção direta e intuitiva da verdade transcendental, para além de qualquer concepção intelectual". Na essência tanto do wabi-sabi quanto do zen está a importância de transcender os modos convencionais de ver e

pensar as coisas e a existência. O nada ocupa uma posição central na metafísica wabi-sabi, assim como no zen.

[5] Qualquer negócio no Japão no estilo *iemoto* organiza-se numa estrutura piramidal com o *iemoto* no topo. Uma parte de todo pagamento feito por um aluno ou aluna ao seu professor particular de orientação artística é transmitida pela escada da pirâmide de modo que o *iemoto*, o chefe hereditário (normalmente o filho mais velho), também receba um tanto. Hoje em dia, muitas das famílias com estrutura *iemoto* são extremamente ricas e diversificaram suas atividades para áreas bem distantes das estritamente culturais.

[6] Polarizar o mundo em Oriente e Ocidente é uma forma breve e conveniente de resolver a questão, assim como usar os nomes de pessoas, eventos ou coisas famosas como símbolos de generalizações acordadas culturalmente. É preciso, porém, ter um cuidado especial ao chamar o Japão de "oriental". Sobretudo desde a Segunda Guerra Mundial, ideais e valores ocidentais têm se tornado cada vez mais ideais e

valores japoneses, resultando numa gradual substituição dos conceitos estéticos japoneses por conceitos norte-americanos e europeus.

7 Há também algumas compatibilidades irônicas entre o modernismo e o wabi-sabi. No Japão contemporâneo, por exemplo, é comum encontrar salas de chá e restaurantes funcionando em construções de vidro e aço modernistas. Ainda mais estranho é o fato de Kobori Enshu (1579-1647), um mestre do chá wabi-sabi, ter sido o conceituado designer da Vila Imperial de Katsura (Katsura Rikyu), em Kyoto. Esse complexo ao ar livre, decorado com modéstia, teve enorme influência no pensamento de muitos arquitetos do primeiro modernismo no Ocidente. Independentemente de ter sido de fato o designer da Vila Imperial ou não, a influência de Enshu espalha-se pela Katsura, tornando o wabi-sabi uma das maiores inspirações do modernismo.

8 Na teoria, a cerimônia do chá era um ritual complexo de informações do qual todos os presentes deveriam participar. Semelhante a uma composição musical de John Cage, que contém apenas instruções

básicas de procedimentos e métodos, cada nova cerimônia criava novas circunstâncias artísticas que resultavam em uma nova "peça". Já que quase todos os participantes tinham tido uma experiência anterior considerável com cerimônias do chá, o saber de cada um era incorporado à própria estrutura do evento (menções ao aspecto visual de cerimônias anteriores, conversas literárias e cultas etc.), de modo que a cada nova cerimônia havia um adensamento dos diversos níveis de significado.

[9] A sala de chá do século XVI se assemelhava a um campo de golfe atual destinado aos empresários japoneses. Era ali que os comerciantes abastados faziam novos contatos. Também era ali que os guerreiros procuravam e consumavam alianças políticas e celebravam batalhas vencidas. (Todos os guerreiros dessa época aprendiam a arte do chá.)

[10] Ainda hoje circulam muitas anedotas, provavelmente apócrifas ou bastante floreadas, sobre situações elucidativas na história das cerimônias do chá. Uma delas é sobre o "teste" que fizeram com Rikyu para ele ser admitido

como aluno do famoso mestre do chá Takeno Joo. Pediram que Rikyu limpasse as folhas espalhadas no jardim de Joo. Primeiro, ele varreu o chão até ficar impecável. Depois, com um gesto cheio de sentido wabi-sabi, sacudiu o tronco de uma árvore para que algumas folhas caíssem. Como a anedota bem ilustra, no wabi-sabi o aspecto deve ser limpo, mas nunca limpo demais ou estéril. Conta-se quase a mesma anedota, tendo Rikyu como mestre e seu filho como o aspirante a aluno. Nessa outra versão, é Rikyu quem sacode as folhas da árvore como uma censura ao filho, que tinha deixado o chão do jardim sem folha alguma.

[11] No início, os objetos wabi-sabi eram materiais encontrados por Rikyu e seus auxiliares em fazendas ou em viagens para o exterior etc. Por fim, Rikyu se tornou "diretor artístico" e responsável por criar objetos originais em sintonia com essa nova sensibilidade.

[12] A minúscula sala de chá de Rikyu, no estilo de uma cabana de agricultor, e o uso de utensílios não refinados em oposição à opulência de sua época, são às vezes

comparados a Maria Antonieta fazendo o papel de pastora ou leiteira, usando um simples vestido de algodão e chapéu de palha numa cabana de camponês simulada em algum canto no jardim do palácio de Versalhes. É provável que a encenação de Rikyu fosse muito mais séria. No caso dele, havia uma intenção estética subjacente, enquanto que o interesse de Maria Antonieta consistia basicamente em se divertir de modo excêntrico. Contudo, as legiões de seguidores de Rikyu eram (e são) constituídas por pessoas ricas fazendo papel de pobres, num estilo "wabi-sabi da ostentação", mais próximas do espírito de Maria Antonieta do que de Rikyu. Algumas de suas "simples" e rústicas cabanas de chá, feitas com os mais sofisticados materiais e uma mão de obra caríssima, chegam a valores mais altos do que os de certas mansões. Seus utensílios de chá, de aparência tão humilde, também alcançam valores exorbitantes.

[13] É difícil dizer ao certo o que Rikyu pensava sobre o wabi-sabi e o ritual do chá, já que, na prática, tudo o que sabemos acerca de suas ideias chegou até nós por meio de

duas fontes secundárias. O documento mais importante, *Nanbo Roku*, supostamente foi escrito depois da morte de Rikyu por Nanbo, monge budista, aluno e amigo de Rikyu, ambos da mesma cidade natal, Sakai (perto de Osaka). Mas alguns acadêmicos acreditam que esse documento tenha sido falsificado, pois seu único exemplar foi convenientemente "descoberto" por Tachibana Jitsuzan, samurai e praticante do chá, no aniversário de cem anos da morte de Rikyu. O outro documento, *Yamanoue Sojiki*, é um registro de coisas como objetos e motivos usados nas cerimônias do chá de Rikyu frequentadas por Yamanoue Sogi, que foi seu aluno durante muitos anos. Os dois textos foram usados para justificar todos os tipos de posicionamento ideológico relacionados ao chá e ao wabi-sabi.

[14] Outro aspecto importante dessa prática é a crença, vinda do zen, de que é o corpo, e não a linguagem, o repositório do conhecimento e da técnica. Desse modo, a cerimônia do chá se concentra no aprendizado por meio da repetição.

[15] A comunicação entre as pessoas, isto é, as relações humanas, parece ter sido uma

parte bem pequena, se é que ela existiu, da concepção de Rikyu sobre o chá wabi-sabi.

O *Nanbo Roku* aconselha os praticantes da cerimônia do chá a *não* tentar sincronizar seus sentimentos com os dos seus convidados, a não ser que isso aconteça de forma espontânea. Em outras palavras, não deixar que a relação com os outros o impeça de alcançar e manter um modo de pensar mais próximo possível ao wabi-sabi. Os objetos e as pessoas são tratados do mesmo modo no wabi-sabi. Ele não é uma filosofia humanitária; também não trata do aspecto sagrado da vida nem da humanidade do homem para o homem, ou do bom e do mau.

[16] Sabie (de *sa* = chá, *bi* = beleza, *e* = encontro, significando "encontre a beleza do chá") é o nome da organização referida de pessoas progressistas em torno da cerimônia do chá. O líder do Sabie é Masakazu Izumi, o segundo filho (consequentemente, não é o futuro *iemoto*) da maior escola de chá no Japão. Hoje em dia, a direção artística do Sabie é influenciada principalmente por Ikko Tanaka, uma das figuras mais antigas e respeitadas no campo do design gráfico japonês e da direção

de arte, e Junji Ito, um crítico célebre
e coordenador artístico.

[17] Até agora, as realizações do Sabie, como
salas de chá e utensílios, têm sido expostas,
sobretudo, em lojas de departamento
japonesas. Por enquanto, há nelas leves
indícios de wabi-sabi. A maior parte dos itens
produzidos remonta a um tempo anterior a
Rikyu na história do chá, ou seja, antes de a
sensibilidade primeva do wabi-sabi ter sido
consolidada. Eles parecem mais próximos
da tradição japonesa do jogo (*asobi*) e da
distração refinada.

[18] Até os dias de hoje, o wabi-sabi nunca
tinha se manifestado de modo tão formal
e organizado. Por meio dessa estrutura
intelectual "artificial", o autor considera que o
wabi-sabi se torna muito mais compreensível.

[19] Outra metáfora visual para as coisas que
começam ou cessam de existir, deixando
a mais sutil evidência, é a flor da cerejeira,
uma das imagens mais potentes (e clichês)
da cultura japonesa. A cada primavera
as cerejeiras florescem por cerca de uma

semana, no máximo. Uma chuva, ou um vento inesperado, pode fazer as delicadas flores cor-de-rosa caírem a qualquer momento. Durante essa breve janela oportuna, grupos grandes e reduzidos de pessoas estendem esteiras e mantas debaixo das cerejeiras no Japão. De imediato são criados ao mesmo tempo um lugar — que é a antítese de uma estrutura formal — e um evento. O aspecto (wabi-sabi) persistente e comovente dessa imagem da flor de cerejeira vem de nossa preocupação sempre presente com o caráter efêmero de tudo isso. Um instante antes não havia flores. Um instante depois não haverá mais flores...

[20] No contexto wabi-sabi, "natureza" significa muitas coisas. Refere-se à dimensão da realidade física intocada pelos homens: coisas em seu estado puro, original. Nesse sentido, "natureza" significa coisas da terra, como plantas, animais, montanhas, rios e as forças — ora benignas, ora violentas — do vento, da chuva, do fogo, e assim por diante. Mas "natureza" no contexto do wabi-sabi também abarca a mente humana e todos os seus pensamentos e criações artificiais ou "não

naturais". Nesse sentido, "natureza" significa "tudo o que existe", incluindo os princípios subjacentes da existência. Nessa acepção, "natureza" se aproxima da ideia ocidental e monoteísta de Deus.

[21] Uma parte superficial da cerimônia do chá tal como ela existe hoje volta a atenção para todos os objetos incluídos no ritual. Ou seja, detém-se não apenas nos detalhes da tigela de chá, do recipiente do chá, da chaleira e coisas do tipo, mas também no jarro de flores e até mesmo no carvão usado para esquentar a água. Aquilo que antigamente ocorria de forma espontânea hoje é planejado de forma rígida — há regras específicas sobre como e quando manejar os objetos e como e quando fazer perguntas sobre os objetos — mas ao menos isso obriga a prestar atenção (e se espera, desse modo, que realmente se possa "ver") à própria coisa que temos à nossa frente.

[22] Tradução para o inglês de Toshihiko e Toyo Izutsu. *All around, no flowers in bloom/ Nor maple leaves in glare/ A solitary fisherman's hut alone/ On the twilight shore/ Of this autumn eve.*

[23] Os primeiros utensílios de chá criados por Rikyu foram objetos domésticos do dia a dia talhados anonimamente: objetos sem qualquer status. Mas o status, pelo que parece, consegue se impor sempre que aparece uma chance, e quase de imediato criou-se um alto preço de mercado para esses objetos que até então eram feios e sombrios. Uma vez que o objeto se torna muito valioso, muito caro, ele deixa de ser wabi-sabi. Ele se torna, em vez disso, apenas um lembrete caro daquilo que já foi, certa vez, um momento dinâmico. Isso não significa dizer que não haja muitos tesouros "virtualmente" wabi-sabi nos museus espalhados pelo Japão. Mas são apenas um "invólucro", coisas que têm a forma e o aspecto wabi-sabi mas já não possuem o verdadeiro espírito.

Durante um breve período de tempo, no final dos anos 1960 e começo dos anos 1970, houve um movimento artístico no Japão chamado Mono-ha ("escola de coisas") que difundia a ideia wabi-sabi de apreciar as coisas por um instante apenas. Os artistas da Mono-ha usavam material comum, tirado da natureza, como árvores, pedras e cipós, para criar instalações provisórias. Parte da integridade desse trabalho consistia na impossibilidade de colecionar as obras. (Consequentemente, os colecionadores e os museus não eram donos de nenhuma delas.) Como observou um crítico, "[eles] rejeitavam a noção de objetos perfeitos e acabados. As esculturas que faziam eram meras confluências temporárias [...] e não originais que passariam a ter um valor monetário".

[24] Os fabricantes estão continuamente se esforçando para aumentar a previsibilidade e uniformidade dos bens manufaturados. Tanto o design industrial quanto o arquitetônico confiam nos desenhos precisos e acabados que são fornecidos aos fabricantes. Se houver alterações durante o processo de manufaturar ou construir, cobram-se multas de valores exorbitantes. Mas muitos artistas e alguns designers estão ficando entediados com objetos de detalhes perfeitos. Coisas em processo, como prédios em construção, costumam trazer mais elementos à imaginação do que o objeto finalizado. A produção em massa, porém, tem dificuldade com a irregularidade e a variedade poética.

    Outro fator que conspira contra a irregularidade é o predomínio dos modelos euclidianos no design. Tudo no mundo da produção em massa é tipicamente construído com linhas, círculos, curvas, retângulos e triângulos, todos eles perfeitamente retos. (Não por acaso esses modelos geométricos rígidos se tornaram os ícones, os símbolos visuais da própria profissão de design.) As "leis" das formas e modelos na natureza são mais diversos. No livro *A geometria fractal da natureza*, de 1980, o matemático Benoît B. Mandelbrot elucida outra geometria que pode ser usada para descrever as formas e texturas irregulares, tais como o granulado, o enovelado, o fino, o enrugado, e assim por diante.

[25] O wabi-sabi é contrário à ideia de "arquétipos universais", a noção de que certos objetos protótipos podem funcionar esteticamente em qualquer escala. Da perspectiva wabi-sabi, a densidade de informação contida em um objeto se transforma, assim como os laços humanos, quando a escala também se transforma. Certamente as considerações acerca do design de um armário e de uma casa são muito diferentes. Ainda assim, alguns arquitetos tratam a projeção de um prédio como se fosse apenas um móvel inflável de ar.

[26] A filosofia estética da estalagem mais antiga e famosa de Kyoto (Tawaraya, de 300 anos, que custava setecentos dólares por noite por pessoa com duas refeições incluídas quando escrevia estas linhas) pode ser resumida em dois princípios inalteráveis do tipo wabi-sabi, que, segundo seu dono, são: (1) "Nenhum objeto ou elemento em nenhum dos quartos deve ficar acima de nenhum outro" e (2) "Não se deve reverenciar o antigo só pelo antigo. Se for novo e couber, use".

Legendas e créditos das imagens

As fotografias são do autor, salvo quando indicada outra autoria.

PÁGINA 8 — Um exemplo de wabi-sabi estiloso. Detalhe da fachada exterior do Bombay Café e loja de miudezas Okura (em Daikanyama, Tóquio), feito de madeira, folha reciclada e ondulada de metal e gesso.

PÁGINA 15 — Detalhe de tapume de madeira sem pintura, material comum usado nas casas de família construídas em Tóquio no pós-guerra, por volta dos anos 1950.

PÁGINAS 16-17 — Uma folha se decompondo no chão.

PÁGINAS 23-24 — Objetos de cerâmica de Kazuhiko Miwa. Direção de arte e fotografia de Gakuji Tanaka. Direção de arte e design de Ichiro Mitani.

PÁGINA 28 — Resíduo ao redor da soldagem de um tubo e uma placa de ferro.

PÁGINA 34 — Cabana tradicional de agricultores usada como depósito, do tipo que inspirou a sala de chá wabi-sabi (Prefeitura de Nagano, Japão, 1993).

PÁGINA 42-43 — Cadeira de metal expandido criada por Shiro Kuramata (1934-1991). Um bom exemplo de mistura do modernismo (processo industrial, precisão na execução, formas geométricas) com o wabi-sabi (dimensão do nada e da não materialidade, cor turva, utilidade do objeto com importância secundária). Fotografia de Mitsumasa Fujitsuka.

PÁGINA 44 — Junção de duas paredes de barro e palha numa sala tradicional japonesa. Essa é uma típica imagem fotográfica usada para transmitir o wabi-sabi tradicional.

PÁGINA 49 — Detalhe de matéria orgânica de origem desconhecida. Fotografia de Eiichiro Sakata. Direção de arte de Tsuguya Inoue. Cortesia da loja Comme des Garçons.

PÁGINA 50 — Ferro intencionalmente enferrujado e oxidado. Detalhe de uma escultura de Ajiro Wakita. Fotografia do artista.

PÁGINA 53 — Folha em estado de decomposição na calçada.

PÁGINA 54 — Detalhe de linha de prumo bastante usada e pêndulo de latão.

PÁGINA 59 — Jardim espontâneo no canto entre duas paredes remanescentes de um prédio demolido no centro de Tóquio. Fotografia de Koishi Inakoshi.

PÁGINA 62 — Uma árvore (Tóquio). Wabi-sabi não é apenas a natureza selvagem com certas características. O homem deve interferir ao menos para "emoldurá-la" ou dar-lhe um contexto específico. Uma fotografia fornece tal moldura. Fotografia de Koichi Inakoshi.

PÁGINA 64 — Lado de fora de uma cabana de chá wabi-sabi em Kyoto. Fotografia de Koichi Inakoshi.

PÁGINA 66 — Um pote de chá de Raku Kichizaemon. Fotografia de Koichi Inakoshi.

PÁGINAS 70-71 — Lado de dentro da Chanoha, uma sala de chá de 16 metros quadrados localizada num canto do subsolo da loja de departamentos Matsuya, em Tóquio. Na parede do fundo há um mosaico feito de placas de metal com superfícies que variam entre opacas e ferruginosas. O balcão em primeiro plano é de concreto areado (à direita) e madeira (à esquerda). Esse cantinho delicado num ambiente que teria tudo para ser frenético e comercial proporciona um momento wabi-sabi de fácil acesso.

PÁGINA 73 — Detalhe de um pulôver da marca Comme des Garçons (coleção 1982-1983), supostamente feito com programação de computador para fazer buracos aleatórios no tecido. Fotografia de Peter Lindberg.

PÁGINA 74 — Detalhe de uma cama indonésia usada durante o dia, feita de madeira descartada lustrada para ficar brilhante graças ao uso. Uma das muitas peças da mobília wabi-sabi do Sudeste Asiático dos escritórios de Jurgen Lehl Co. (Tóquio).

PÁGINA 77 — Detalhe de uma parede de barro no Mali, na África ocidental. Fotografia de Cindy Palermo. Cortesia de Hanatsubaki Magazine.

PÁGINA 78 — Três peixes desidratados.

PÁGINA 81 — Um rastro de ferrugem produzido pela água procedente de um prego na madeira.

PÁGINA 82 — Um biscoito de arroz com peixinhos. Esse tipo de biscoito com variantes que incorporam outros tipos de frutos do mar, cogumelos e outros petiscos comestíveis é comum nas lanchonetes de grande parte das lojas de departamento japonesas. Tais lanchonetes são os lugares mais prováveis de encontrar artefatos wabi-sabi na vida japonesa contemporânea.

© Leonard Koren, 1994 e 2008 (edição original em inglês)
© Leonard Koren e Editora de Livros Cobogó, 2019
(edição brasileira em português)

Editoras
Isabel Diegues
Márcia Fortes

Coordenação editorial
Valeska de Aguirre

Gerente de produção
Melina Bial

Tradução
Marília Garcia

Revisão de tradução
Mariana Delfini

Revisão final
Eduardo Carneiro

Diagramação
Ilustrarte Design e Produção Editorial

Nesta edição, foi respeitado o Acordo Ortográfico da Língua Portuguesa de 1990, que entrou em vigor no Brasil em 2009.

CIP-BRASIL. CATALOGAÇÃO NA PUBLICAÇÃO
SINDICATO NACIONAL DOS EDITORES DE LIVROS, RJ

K86w
   Koren, Leonard
      Wabi-sabi : para artistas, designers, poetas e filósofos / Leonard Koren ; tradução Marília Garcia. - 1. ed. - Rio de Janeiro : Cobogó, 2019.
      108 p. ; 21 cm.

      Tradução de: Wabi-sabi : for artists, designers, poets & philosophers
      ISBN 978-85-5591-103-3

      1. Zen-budismo - Japão. 2. Japão - Filosofia. I. Garcia, Marília. II. Título.

19-61329   CDD: 294.3927
                                                                              CDU: 244.82

Vanessa Mafra Xavier Salgado - Bibliotecária - CRB-7/6644

Todos os direitos desta publicação reservados à
Editora de Livros Cobogó Ltda.
Rua Gen. Dionísio, 53, Humaitá
Rio de Janeiro – RJ – Brasil – 22271-050
www.cobogo.com.br

2023

2ª reimpressão

Este livro foi composto em Lucida Sans.
Impresso pela Imos Gráfica sobre papel Pólen Bold 90 g/m² (miolo) e Supremo 250 g/m² (capa) para a Editora Cobogó.